006
선우 올리브 북스

풍 경 이 있 는 테 마 에 세 이

고요함 靜

선우 올리브 북스 ⑥

고요함 靜

1판 1쇄 인쇄 | 2007년 3월 15일
1판 1쇄 발행 | 2006년 3월 20일

지은이 | 이정원
펴낸이 | 이선우
펴낸곳 | 도서출판 선우미디어
등록 / 1997. 8. 7 제2-2416호
100-846 서울 중구 을지로3가 104-10
신성빌딩 403 ☎ 2272-3351, 3352 팩스: 2272-5540
E-mail: sunwoome@hanmail.net
Printed in Korea ⓒ 2007. 이정원

값 6,000원

※잘못된 책은 바꿔 드립니다
※저자와의 협의하에 인지 생략합니다

ISBN 89-5658-133-0 03810
ISBN 89-5658-127-4 03810(세트)

고요함 靜

꽃에 담은 마음의 오계절 ⑤

이정원

선우미디어

작가의 말

고백의 문학이라는 수필에 이십 팔 년 동안 뭍꽃과 물꽃의 이야기만을 담아왔다.

喜기쁨, 怒노여움·안타까움, 哀슬픔·그리움, 樂즐거움 그리고 내 이름 가운데 글자인 靜고요함.

저절로 '꽃에 담은 마음의 오계절'이 됐다. 마지막 계절인 靜에 이르기 위해 긴 기간 꽃수필을 써온 게 아닌가 하는 생각이 든다.

한 차례 흔들림이 있을 때 들었던 꽃들의 아우성이 떠오른다.

"네 맘대로 써내다가 이제 와서 그만 두면, 남아 있는 우리의 기다림은 어디로 가라고."

꿈 속까지 따라오는, 곱지만 날카로운 그 아우성에 못 이겨 다시 쓰기로 작정했었다.

"차라리 꽃수필을, 터져나오듯 꽃이 피는 사월에 태어난 내 생명의 작업으로 여기자꾸나. 모자라는 말로 그려내느라 저네들 얼굴을

엉망으로 만들어 놓았다고, 종당에는 꽃들의 지옥에 끌려가는 한이 있더라도"

　다섯 계절의 꽃이야기를 묶는 동안 힘이 되어준 많은 이에게 고마움을 느꼈다. 풍수조경가인 남편과 자연과학도이면서 트럼펫을 부는 아들 준호, 두 남자에게 특히 그렇다.

　꽃사진 주신 에드몬드 수사님과 조여선님과 늘 꽃 들고 찾아오는 제자 병국과 선우미디어의 선우님과 은영님에게도 물론.

　시어머님과 친정어머님은 아니 계시니 안타까울 뿐이고, 영원한 老兵이신 친정아버님과 성모님께서 애썼다고 등 두드려 주시면 좋겠다.

2007년 3월

이정원

풍경이 있는 테마에세이

고요함 靜

이정원

작가의 말　4

앵초꽃 열쇠　8

산부추꽃　15

자배기 수련　20

트럼펫 수선화　25

붉은 인동꽃 병사　30

흰 민들레　35

얼룩 꽃다발　39

빨간 줄장미 기도　44

넝쿨장미 성城　49

작약 두 송이　56

자주 바다나리　61

뚜깔꽃 산책　66

선우 올리브 북스

등나무꽃 노인 71
금계국과 석등 76
불두화 마른 송이 82
백목련 편지 87
오랑캐꽃 아이 91
제비붓꽃 여인 94
코스모스 영혼 98
노란 장미 수녀 104
상사화 성당 110
잇꽃의 힘 115
투구꽃 전사 119
배롱나무꽃 제祭 126
꽃 사설시조 131

앵초꽃 열쇠

해마다 앵초꽃 화분을 안겨 주는 꽃집 아저씨가 있다. 아저씨의 꽃집은 전에 나가던 학교 근처에 있다.

학교를 오가며 가끔 들른 것이 인연이 되어 지금도 안부를 묻고 지낸다.

'앵초 나왔는데요' 하는 아저씨의 말이 내게는 가장 이른 봄인사다. 그로 하여 아직은 찬기운이 있는 바람 속에 봄이 실려 있음을 알게 되곤 한다.

아저씨가 주는 앵초는 '프리뮬러 폴리안사'라고 하는 서양 앵초다. '프리뮬러'는 라틴어로 '제일 먼저'라는 뜻인데, 그래서인지 이른 봄에 빨강과 분홍, 주황, 노랑, 보라, 하양 등의 꽃을 피운다.

올해 아저씨가 준 것은 하양과 분홍빛이다. 꽃시장에 나오자마자 가져왔다며, 어서 들르라고 성화였다. '꽃 이야기' 많이 쓰라며 화분을 건네 주는 아저씨의 얼굴이 받는 나보다 환하다.

　벌써 한두 송이 꽃이 피기 시작한 화분 두 개를 안고 버스에 올랐다. 빈 자리가 있어 앉고 나니, 차가 흔들릴 때마다 소복히 올라온 꽃대가 부러질까 조심스럽다. 그러자 문득 '행운의 열쇠'라는 앵초의 꽃말이 떠오른다.

　독일의 한 마을에 병든 어머니를 모시고 사는 리스페스라는 소녀가 있었다. 그녀의 어머니는 꽃을 좋아했는데, 그 중에서도 앵초를 아꼈다. 병이 깊어지면서 어머니는 유난히 앵초를 찾았다.

　눈 내린 산에 앵초꽃이 피어 있을 리 없었지만 리스페스는 여기저기 헤매다녔다. 지쳐서 주저앉았을 때 누가 그녀의 이름을 불렀다. 분홍빛 앵초꽃으로 머리를 단장한 앵초의 님프였다.

　님프는 리스페스가 원하는 것을 벌써 알고 있었다. 그녀의 머리를 쓰다듬으며, 이 길로 똑바로 가면 성이 나타나는데 거기에 네가 원하는 게 있다고 일러 주었다. 그리고는 머리에 꽂았던 앵초꽃을 한 송이 뽑아 주었다.

　"이 꽃이 바로, 잠긴 성문을 열 수 있는 열쇠란다."

　님프가 손짓해준 길을 따라가자 과연 성이 나타났다. 잠긴 성문의 열쇠 구멍에 앵초꽃을 집어넣으니 손잡이가 스르르 돌아갔다. 안에는 수려한 외모의 왕자가 있었다.

　왕자는 리스페스에게 두 개의 방을 보여주었다. 한 방에는 보석과 황금이, 한 방에는 어떤 병도 고칠 수 있는 약이 있었다.
"원하는 걸 가져요."
효녀인 리스페스는 물론 약 하나만을 선택했다. 그러자 왕자는 뛸 듯이 기뻐하며 당신은 바로 내가 기다리던 사람입니다, 함께 가서 이제 어머님을 구합시다 했다.
내가 만일 리스페스라면 그렇게 서슴없는 결정을 할 수 있을까. 내 앞에 있는 앵초꽃이 그런 행운의 열쇠라면 욕심내지 않고 가장 절실한 것 하나만을 고를 수 있을까.
시어머님이 돌아가시기 전에는 남편과 나와 아이 모두 열쇠를 가지고 다니지 않았다. 우리가 돌아오는 시간에 어머님이 늘 집에 계셔 주었기 때문이다. 한데, 어머님이 병으로 쓰러지는 날부터 열쇠가 문제를 일으켰다.
대문과 현관문 열쇠는 어머님이 쓰시던 것 한 벌뿐이었다. 비상용이 한 벌 있기는 했는데 어디다 두었는지 기억이 나질 않았다. 나와 남편이 응급실로 달려간 사이, 중학생이던 아이가 돌아와서는 늦게까지 집에 들어가지 못했다.
열쇠부터 서둘러 맞춰서 한 벌씩 나눠 가졌지만 습관이 되질 않아, 먼저 나가는 사람은 그냥 가기 일쑤였다. 열쇠 때문에 아이에게서 내게로 전화가 오고, 내가 남편에게 전화를 걸고 몇 달이 지나서야 열쇠는 각자 챙겨야 하는 물건으로 자리잡았다.

그 무렵에 아이가 쓴 글이 있다. '집에 오니, 아차 열쇠가 없다. 또 안 가지고 그냥 나갔다. 할머니가 계셨더라면 아무 걱정없을 텐데. 눈물이 난다.' 할머니의 부재를 아이는 열쇠를 통해 실감한 거였다.

어머님이 돌아가시고 학교를 그만둔 뒤 어머니의 역할을 내가 맡고서야 비로소 알았다. 우리의 귀가길에 대문과 현관문의 열쇠가 되어 주기 위해, 어머님이 얼마나 많이 마음을 다스리셨는지.

시고모님 댁에 갔다가 아이가 돌아올 시간이 되어 더 놀지 못하고 서둘러 왔노라던 말씀을 그때는 흘려 들었다. 시골 당신의 친정어머님이 왔다 가실 때, 터미널까지 간 김에 차 떠나는 걸 보고 싶어도 에미 올 시간이 되어 헐레벌떡 돌아왔노라던 말씀 역시.

열쇠 없이 다니는 아들과 며느리와 손자가 한시나마 집 밖에서 서성일까 걱정되어, 어머님은 직장이 없으면서도 시간에 쫓기던 분이었다. 남편과 어느새 청년이 된 아들은 가끔씩 내게 말한다, 열쇠 안 가지고 그냥 나간다고.

어머님이 그러셨듯이 자기들이 돌아올 시간에 집에 있어 달라는 요구다. 그걸 받아 주기 위해 때론 나도 외출을 했다가 서둘러 돌아오곤 한다. 시계를 보며 조바심을 내다 보면, 왜 괜한 고생을 시키나 하는 불평이 터져 나온다.

그러다가는 식구들을 위해 줄곧 그러셨을 어머님이 떠올라 입이 다물어진다. 열쇠가 되기 위해 참으셨던 그 마음을 이제라도 헤아리

신우 올리브 북스 ⑥
12

게 됐으니 그나마 다행이다.

열쇠에는 어쩌면 연다는 큰 의미 말고도, 시어머님을 통해서 배운 절제라는 작은 의미가 담겨 있는지 모르겠다. 성문을 연 리스페스가 욕심을 다스리지 못해 황금이나 보석을 택했더라면, 성이 삽시간에 무너져 버리지는 않았을까.

내가 가진 앵초꽃이 그런 성문의 열쇠라면 하던 마음에 찬바람이 지나간다. 재물과 명예가 주는 안락과 환희도 아는 내가 그보다 절박한 하나를 망설임 없이 선택할 수 있을까 하는 의구심이 들어서다. 그러자 벚꽃 모양을 한 예쁘장한 앵초꽃이 갑자기 경계의 목소리로 다가온다.

산부추꽃

　　　　　　　밭에서 나는 부추의 꽃은 하얀 색이다. 시어머님이 살아 계실 때, 당신의 친정집 밭에서 나는 부추를 캐다가 화분에 심은 적이 있다. 특이한 냄새가 나는 납작하고 길쯤한 이파리를 먹는 채소로만 여겼는데, 여름 되면서 꽃이 피자 신기했다.

　뻣뻣하게 올라와 차츰 옆으로 눕는 이파리들 사이에서 가늘지만 곧은 꽃줄기가 몇 대 올라왔다. 작은 꽃자루에서 하얀 꽃이 촘촘히 피어나 반원의 모양을 이루니 화초로도 손색이 없었다.

　교직에서 물러나면서 밭부추꽃이 나와 연관되었다는 생각이 들었다. 퇴임식 날 받은 공로패가 그 실마리였다. 누구의 착오인지, 유리로 만든 그 패의 내 이름 한자가 틀렸다. 음은 맞는데, 가운데 자인 '靜'이 '貞'으로 박혀 있었다. 담당했던 분이 미리 확인을 못 해 미안하다며, 두고 가면 수정을 해서 보내겠다고 했다.

모든 걸 마감하고 떠나는 마당에 번거로운 게 싫어서 그러마 하고는 그냥 가지고 왔다. 받을 때는 몰랐는데 돌아와서 다시금 들여다보니 그 패의 주인이 내가 아닌 듯했다.

'1979년 3월 2일 경희의 배움터에 첫발을 내디딘 이래, 22개 성상을 투철한 교육관과 애교심으로······.' 공로패 문안의 '투철'이니 '애교심'이니 하는 내용이야 미화된 것이라 쳐도 앞부분의 경력은 틀림없는데, 이름자 하나가 바뀌니 생소한 느낌이었다.

물론 가르치는 일을 그만두면서 전과는 판이하게 살리라 생각은 했다. 퇴직이라는 게 목숨이 지고 새로 피는 과정도 아닌데 무슨 다음 생이 되기야 할까마는, 그동안의 생활 습관과 사물이나 사람을 대하는 눈까지 완전히 바꿔 다른 삶을 이어가고 싶었다.

돌아보면 내가 교직을 떠나면서 한 생의 마무리라고 느끼는 것도 무리는 아니었다. 졸업을 채 하기도 전에, 국어과 강사를 의뢰받은 지도 교수님을 따라 학원에 속한 중학교의 교무실에 발을 들여놓은 뒤 정식 발령을 받아 그곳에서만 이십이 년이었다.

같은 학원 내라고 해도 몇 년에 한 번씩은 여중과 남중의 교류가 있기 마련이었는데, 한 번도 자리 옮김을 하지 않고 그대로 머물다가 옷을 벗었다. 여러 사람 중에 나와 같은 예는 드물었다.

공교롭게도 왜 가르치는 이로서의 그 기간을 기리는 공로패에 내가 아닌 듯이 여겨지는 이름이 새겨졌을까. 그동안 나는 정말 '고요할 靜' 대신 '곧을 貞'의 자세로 살아온 건 아니었을까.

남학생을 다루는 게 고요함을 지닐 수 있는 생활은 아니었다. 나중엔 평상말이 아예 반소리높임으로 굳어졌다. 하지만, 대강은 안 통하는 선생님이라고 학생들이 붙여 준 '칼날'이라는 별명이 끝까지 이어졌으니 곧음을 잃지는 않았다는 뜻일 게다.

그 안에서 항상 미루고 있는 숙제처럼 남아 있는 게 있었다면 쓰는 작업의 미진함이었다. 반짝 하고 머리를 스치는 게 있어 원고지를 대할라치면 시작종이 나고, 수업을 마치고 나오면 쓸 수 있는 기력이 남아 있지 않았다.

그 갈등의 골이 깊어지기 전에 가르치는 일을 그만두자는 게 몇 년 전부터의 다짐이었다. 스스로 생각해도 교사로서는 비교적 올곧았다고 여겨지니, 틀린 이름자 '貞'이 오히려 맞는다는 생각이 든다.

산에서 나는 부추의 꽃은 붉은 빛이 도는 보라색이다. 밭부추에 비해 키가 약간 크고, 이파리의 모양새 또한 비슷하지만 그처럼 무성하게 나지는 않는다. 역시 납작하고 길쭘한 이파리들 사이에서 꽃줄기가 올라와, 그 끝에 달린 꽃자루에서 보라색 꽃이 둥글게 뭉쳐 피어나 원형을 이룬다.

시어머님의 산소로 향하는 길의 풀섶에서 두 대 정도 나와 핀 산부추꽃을 발견한 것은 퇴직을 하던 해 가을이었다. 어디를 가든지 꽃을 잘 찾아내는 내 눈에도 그 꽃은 아주 새로웠다.

꽃줄기 끝에 연보라색 작은 꽃이 촘촘히 박혀 공 모양으로 피는 알륨이라는 꽃을 닮기는 했는데, 산길에 피어 있어선지 화사함보다는 젖은 흙 냄새가 배어 있는 차분함이 느껴졌다.

시할아버지와 할머니의 산소가 함께 있어, 시집온 뒤 시어머님을 따라 이십 년 가까이 오르던 길인데. 전에는 한 번도 눈에 띄지 않던 그 꽃이 어째서 그 무렵에야 보여졌는지, 공로패의 바뀐 이름자처럼 생각의 실마리가 됐다.

학교를 그만두면서 앞으로는 글쓰는 일에만 전념하면 된다고 홀가분해 했지만, 막상 그런 생활의 울 안에 드는 것도 수월치는 않았다. 내 지식의 대부분을 누구에겐가 전달하는 일에 하도 젖어 있다 보니, 이제는 그러지 않아도 된다는 게 실감나지 않았다.

지식을 건네다 보면 느낌이나 사고까지 함께 실어 보내기 다반사였는데, 글로 써내야 할 것을 말로 날려 버리고 있는 게 아닌가 해서 몹시 아까워한 적도 있었다.

나 홀로 작업에 얼마든지 몰두해도 좋은 생활로의 전환이 이루어졌다는 걸 오롯이 받아들이게 된 건, 퇴직한 지 일 년이 가까워서였다. 내적인 조용함에 길들어 가고 있는 이즈음에야 비로소 내 이름자인 '靜'의 의미를 찾는다는 느낌이 든다.

하얀 색으로 피는 밭부추꽃 안에 가르치는 몸짓으로 늘 곧게 서고

자 했던 '貞'자의 내가 있고, 붉은 보라색으로 피는 산부추꽃 안에 외따로여서 고요해지는 마음으로 글을 쓰고자 하는 '靜'자의 내가 있다면, 지나친 의미 부여가 될까.

보통 이 생에서 받은 목숨이 끝나야 다음 생으로 넘어간다고들 한다. 나는 단지 긴 기간의 교직 생활에서 작가만의 생활로 그 방향을 바꾼 것이니, 이파리와 줄기의 모양은 같고 꽃빛깔만을 달리 하는 밭부추꽃과 산부추꽃에 빗대어도 괜찮을 듯하다.

다만 전에는 밭부추꽃의 하얀 정결함에만 마음이 쏠렸으나, 이제는 산부추꽃의 붉은 보라색이 지닌 원숙함을 내면에 받아들여 우물 속처럼 깊어지고 싶다.

자배기 수련

팔월이 또 한 번 마침표를 찍었다. 학교를 그만두고 집에서만 생활한 지 꼭 일 년. 스스로 이름 붙인 안식년의 마지막 문장도 마침표를 찍었다.

"이제야 비로소 수련을 닮는구나."

교단을 내려서면, 물 속도 물 밖도 아닌 수면에 이파리를 펼치는 수련처럼 편안한 마음이 될 줄 알았다. 수면에 떠서 핀 흰 꽃송이라도 당장 가슴의 연못에서 보게 될 줄 믿었다.

이삼 년 전부터 자유로운 언어로 글쓰는 일에만 전념하고 싶다는 생각에 수업을 하다가도 멈춘 적이 더러 있었다. 자연스레 뻗어 나가기를 원하는 감정의 넝쿨들을 누군가를 가르치는 사람이라는 부담감의 가위로 더는 잘라내고 싶지 않았다.

하지만, 가야할 때가 언제인가를 알고 가는 여인이 되겠노라는 인사말로 학교를 물러 나왔다고 해서 될 일은 아니었다. 교사라는 이름을 벗고 나서야 알게 된 게 있었다.

그동안 교단의 높이만큼 올라서서 주변을 내려다보고 살았다는 것. 꼭 그 높이만큼의 자부심과 오만함으로 내가 맡은 학생들과 그 부모를 대하며 이어왔다는 사실이었다.

언어를 다룬다는 사람이 그간에 써온 말들은 또 얼마나 거칠고 위협적인 것이었는지. 나보다 키가 큰 남학생을 다루느라 그럴 수밖에 없었다는 변명 외에는 갖다 댈 것도 없었다.

그 차가운 인식들이 허리에 매단 납덩이가 되어, 남보다 조금은 돋보이는 모습으로 살아왔다는 자긍심마저 물 속으로 끌어내렸다. 차라리 한 해를 놓고 쉰다는 쪽으로 마음먹으니 편했다. 아직도 시계를 보면 몇 교시가 끝났겠구나 할 정도로 몸에 밴 일과인데, 그만큼의 시간은 반대로 써야 훌훌 풀려나지 않겠나 싶었다.

그러면서 겨울을 보내고 난 삼월의 어느날. 불현듯 여고 시절의 교정이 떠오른 건 그곳에 수련이 피는 연못이 있어서였을까. 겨우내 꼼짝 않던 수련은 초여름이면 바닥에 깔린 흙에서 여러 가닥의 줄기가 나와 녹빛 이파리를 수면에 띄우곤 했다.

여러 등분한 원의 한 조각이 빠진 채 생겨난 듯한 말발굽 모양의 윤기나는 이파리들 사이에선, 꽃잎이 겹겹이 붙은 흰 봉오리가 올라와 어느 순간 살그머니 벌어졌다. 노란 꽃밥을 가슴 한가운데 안고 피어나는 가슴 설레이게 하는 수련이었다.

그 꽃이 물 위로 이파리와 꽃대를 내밀어 피는 연꽃과 다르다는 걸 가르쳐 준 이는 머리 희끗희끗한 국어 선생님이었다. 저녁이 되면 잎을 오므려 잠을 자는 꽃이기에, 수련水蓮이 아닌 수련睡蓮이라고 한다는 걸 일러준 이 또한 그분이었다.

고운 자태이기는 해도, 가까스로 턱을 물낯에 대고 피어난 것처럼 숨가빠 보이는 그 꽃이 단발머리인 내게는 탐탁치 않았다. 거기다, 물 속도 물 밖도 아닌 수련의 그 치우치지 않은 자리정함에 평상심 平常心이란 의미까지 부여하는 데는 답답함마저 느꼈다.

"평상심이란 무엇을 꽉 끄러쥐고 있지도, 탁 놓아 버리지도 않은 보통 때 마음이다. 점심녘에 꽃잎을 펼쳤다가 어둑어둑해지면 하루를 접는 수련은 낮과 밤의 이치 또한 몸에 익힌 꽃인지 모른다."

평상시나 평소나 평일에 담긴 따분한 느낌보다는 일탈이나 파격이 지닌 색다른 느낌 쪽에 마음이 쏠리던 게 그 무렵의 나였는데.

마흔 중간에 선 나이가 되고 나니 수련에 대한 눈이 어느새 달라져 있었다. 물 위에 올라선 자세로만 살다가 오히려 물 아래로 내려가 버린 양이 된 내게, 나이 든 선생님이 일러주던 평상심의 의미는 더할 나위 없는 경계였다.

일전에, 물 밖에서 피는 꽃과 물 속에서 피는 꽃에 대한 집착을 다 버릴 때도 그것이 경계가 됐었다. 산에 오르면서는 뭍에서 피는 꽃에만 지나치게 매료되었고, 바다에 뛰어들면서는 바다 맨드라미라는 물꽃— 연산호만이 최상의 아름다움을 지닌 듯이 빠져들었다.

그러다가 등산을 할 여건도 스쿠버 다이빙을 할 여건도 모두 잃게 되자, 뭍꽃과 물꽃에 대한 애착 또한 거둘 수밖에 없었다. 내 어리석음의 소치가 부끄러워 꺾어진 목을 하고 다니다가 다시금 고개를 든

날. 물 밖도 물 속도 아닌 물의 표면에 일상의 꽃이 피어나 있음을 보고는 놀랐다.

이번 역시 한시라도 빨리 그런 평정에 이르고 싶은 마음에, 사월 들자마자 수련을 구하러 꽃시장엘 갔다. 수련이 피는 연못을 만들 만한 뜨락은 없으니, 둥글넓적하고 입이 벌어진 자배기에 진흙을 퍼

담고 애기수련이나마 키워 볼까 해서였다.

　황해도 장산곶에서 나는 꼬마 수련을 각시수련, 또는 애기수련이라 한다고 들었는데. 꽃시장에 딱 한 군데 나온 작은 이파리들의 수련이 그것인지는 몰라도 자배기에 키우기엔 안성맞춤이었다.

　심을 때 줄기에 매달려 있던 꽃봉오리 몇 개는 동전보다 좀 큰 얼굴을 며칠 폈다 오므렸다 하다가는 져버렸다. 하지만, 앞면은 녹빛이고 뒷면은 자줏빛을 띤 이파리는 연이어 물 속 줄기에서 나와 그 반들반들한 손바닥을 펴곤 했다.

　나올 때는 손가락을 오므린 모양으로 잠깐 물 밖에 솟았다가도, 금세 그 줄기를 늘어뜨리며 수면을 향했다. 물 속도 물 밖도 아닌 정확하게 균형잡힌 자리정함이었다.

　자배기 수련을 들여다보며 지나친 당당함도 움츠러듬도 아닌 평상심을 배우려 애쓰다 보니, 어느새 팔월의 끝이다. 더는 물 밖과 물 속을 들락거리지 않고 물낯에 마음을 띄울 자신이 생겨, '감히 수련을 닮게 됐다'고 쓸 수 있으니 얼마나 다행인지 모르겠다.

트럼펫 수선화

군악병으로 입대를 앞둔 아들이 외할아버지를 뵙고 오겠다고 했다. 입대 전에 인사도 드릴 겸 트럼펫 연주를 들려드려야겠다는 거였다. 군대에서 쓰이는 곡을 주로 연습하는 줄은 알았지만, 「star march」라는 곡을 따로 연습해둔 줄은 몰랐다. 행사에 참여하는 장성들을 맞이할 때 연주하는 곡이라고 했다.

한 달쯤 전에 아들이 친정아버지에 대해 묻기에, 입대를 앞두고 군인 출신인 외할아버지가 가슴에 와 닿아서 그러나보다고만 여겼다. 그랬더니 며칠 전에 저희 학교 신문을 한 장 내밀며 읽어 보라고 했다. 거기엔 '트럼펫'이라는 제목의 수필이 실려 있었다.

"……요즘엔 「star march」라는 트럼펫 곡을 집중적으로 연습하고 있다. 장성을 위한 곡이라서 그런지 씩씩하면서도 웅장한 게 저절로 기품이 느껴진다. 내가 이 곡 연주에 유난히 심혈을 기울이는 건 외할아버지 생각이 나서다.

육군 사관학교 8기생으로 6·25전쟁과 빨치산 토벌에서 부상까지 입으며 세운 공으로 무공 훈장을 타신 할아버지는 별을 달기 직전에 전역하셨다. 반평생을 군대에서 보내셨기 때문에 전역 후의 사회생활이 평탄하지만은 않으셨다고 들었다.

내가 다니는 대학이 마침 외할아버지 댁 근처라서 전보다는 자주 찾아뵐 수 있었다. 그때마다 살아오신 이야기를 듣게 되곤 했는데 차츰 존경심이 일었다. 단순히 나의 할아버지여서가 아니라, 나라의 위기를 몸으로 부딪치며 헤쳐나온 노인이기 때문이었다.

입대하기 전에 멋지게 불어드리고 싶은 「star march」는 오로지 외할아버지 한 분만을 위한 연주가 될 것이다. 비록 양 어깨에 별을 단 장성이 되지는 못하셨지만, 그분의 삶 안에 살아있는 군인 정신은 장성으로서의 예우를 받기에 모자람이 없을 것이다."

언제 외할아버지에 대해서 그렇게 많이 생각하고 트럼펫 연주로 경의를 표하겠다는 마음까지 먹게 되었는지. 딸인 내가 못하는 걸 손자인 네가 채워드리는구나 싶어 대견했다. 물리학을 전공하는 아들이 군악병으로 입대하게 될 줄은 예상치 못했다.

지난 해 여름 삼십육 도를 오르내리는 무더위가 계속될 때였다.

사람도 견디기 힘든 더위에 털 달린 개는 더욱 버티기가 힘들었는지, 집에서 키우던 진돗개가 느닷없이 내 발목을 물었다.

사 년을 넘게 키운 개에게 물려 열 바늘 이상 꿰맸다는 사실만으로도 언짢기 그지없는데, 그 개를 농장으로 보내고 나서 얼마 안 있어 도둑까지 들어서는 집안을 온통 헤집어 놨다.

도저히 그대로는 배길 수가 없어서 개를 좋아하던 예전의 동료교사에게 강아지를 한 마리 구해달라고 했다. 마침 낳은 지 한 달 된 발바리 새끼가 있다고 해서 가지러 간 길에 트럼펫을 전공한 그가 먼저 아들의 안부를 물었다.

입대를 두 달 남겨두고 있다고 하자, 전에 본 기억으로는 입술이 트럼펫을 불기에 적당했는데 자기가 직접 지도를 해줄 테니 군악병으로 가면 어떻겠느냐고 했다.

생각조차 해보지 않았던 일이라 돌아와서도 며칠 만에야 지나가는 말로 아들에게 이야길 했다. 어려서부터 악기 다루는 걸 좋아하기는 했지만 반응이 그렇게 빠를 줄은 몰랐다.

그 자리에서 먼저 지원한 것을 포기하고 트럼펫을 배워 군악병으로 가겠다는 거였다. 개에게 물려서 시작된 일이 거기까지 미치는 걸 보며 남편은 나보다 더 어이없어 했다.

그 후로 학교에 나가랴 트럼펫 불랴 쩔쩔매더니만 국립현충원에 가서 시험을 치르고 왔다. 처음엔 줄곧 삑삑대기만 해서 언제나 제대로 된 소리가 나려나 했는데, 귀에 익은 군가와 애국가 소리가 집 안에 우렁우렁 울려 퍼지기 시작할 무렵이었다.

　아들이 트럼펫을 불게 된 뒤에야 알게 된 거지만, 트럼펫 소리에는 힘찬 기상과 더불어 가슴 밑바닥에서부터 끌어올려지는 묵직한 슬픔 같은 게 내재되어 있었다.

　그 소리로 장성을 위한 곡을 연주해 드린다고 했으니 친정아버지께서 얼마나 뿌듯해 하실까. 노년에 외손자로부터 장성으로서의 뜻하지 않은 예우를 받으시며 더는 여한이 없다 하시고도 남을 게다.

　문득, 아들이 태어났을 때 천사가 금빛 나팔을 불며 머리맡을 나는 것 같았던 기억이 떠오른다. 그만큼 환희에 찼던 기억으로 해서 다 자란 아들이 트럼펫을 불게 된 건 아닌지.

　봄이면 노란 꽃을 피우는 수선화 중에 나팔 수선화라고도 하는 트럼펫 수선화가 있다. 여섯 장의 꽃잎 가운데 유난히 긴 통모양의 나팔꽃 부관을 가지고 있어서 따로이 붙여진 이름이다.

　자기 사랑에서 헤어나지 못한 나르시스의 전설을 담고 있어 환한 빛깔이면서도 우울함이 깃든 듯한 수선화였는데. 나팔꽃 부관이 있는 트럼펫 수선화에게서는 자기 연민을 안에서 밖으로 끌어내는 분출하는 힘이 느껴져 대하기가 좋다.

　지나치게 자기 안으로만 파고들어서 내심 걱정을 시키던 아들이 내쉬는 숨으로 소리를 내는 트럼펫 연주를 통해, 입대 전에 퇴역 장교인 외할아버지를 흐뭇하게 해드렸듯이 입대 후에는 다 같이 힘든 병영 생활일지라도 동료 병사들에게 기쁨을 줄 수 있기를.

트럼펫 수선화가 피는 계절은 벌써 지났지만, 아들이 제대하고 돌아올 때까지 남편과 나는 내내 그 계절에 머물러 있을 듯하다.

붉은 인동꽃 병사

　　군에 간 아들에게서 금요일 저녁 느닷없이 연락이 왔다. 여느 때는 토요일 오후에 목소리를 전하는데 무슨 일이 있나 했더니, 부대에서 처음으로 만드는 소식지에 실을 글을 한 편 써달라는 거였다.

그것도 월요일까지 내야하니까 얼른 써서 부대 안에 있는 성당의 일요일 아침 미사에 가져다주었으면 좋겠다고 했다. 마침 아들을 군에 보낸 지 일 년 가까워오는 어미의 소회를 이렇게 풀어 놓아도 괜찮겠구나 하며 써 두었던 게 있어 다행이었다.

　오늘 아침, 마당에서 겨울을 지낸 인동 덩굴에서 바늘귀만큼이나 작은 새순이 군데군데 돋고 있는 걸 발견했다. 얼마나 기쁜지, 벌써 붉은 인동꽃이 피어나기라도 한 양 설레는 마음으로 들어와 아들의 방문을 열었다.

책상 위에 놓인 사진틀 안에서 아들은 입가에 웃음을 머금은 채 경례를 하고 있다. 그 아래쪽에는 편지와 함께 부쳐져 왔던 잘 마른 인동꽃 한 꼭지가 꽂혀 있다.

"처음 면회 왔을 때 저희 부대 안에 있는 성모상 앞에서 기도를 하시며, 그 둘레에 핀 인동꽃을 보고 감탄하셨지요.

노란 인동꽃은 쉽게 볼 수 있지만, 붉은 인동꽃은 드물어서 쉽게 보기가 어렵다고 푸른 잎을 단 채 겨울을 난다는 인동忍冬의 강인함이 더 잘 드러나는 듯해서 좋다고.

얼마전 일요일 미사를 보고 오는 길에 한 꼭지 따서 병무수첩에 꽂아 말려 두었다가 지금에서야 보내드립니다.

군에서의 시간을 묶인 기간이라 여기지만 말고, 복잡한 일상에서 벗어나 진정한 자기를 찾고 동료애를 익히는 소중한 기간으로 여기라는 말씀 늘 잊지 않고 있습니다."

입대 시키던 날만 같으면 제대를 할 때까지 걱정이 끊이지 않을 줄 알았다. 하지만, 신병 훈련을 마치고 집에서 멀지 않은 부대의 군악대로 배치를 받는 날부터 그 걱정은 뿌듯함으로 바뀌었다.

배치를 받던 날 저녁에 받은 악장님의 전화와 뒤이어 날아온 군악대장님의 설문지가 동봉된 편지는 더할 나위 없이 안도감을 주었다. 그때부터 "한 울림, 한 마음, 군악대 파이팅!"이라는 그곳의 구호는 우리 가족의 구호가 됐다.

한 달쯤 지나서 허락된 첫 번 면회 때, 입대 전과는 비교가 되지 않을 만큼 맑아진 눈빛으로 절을 하는 아들을 만나고 온 뒤에는 남편이나 나나 더욱 마음이 편안해졌다.

그 후 첫 휴가를 나왔다 들어가고, 우리가 다시 면회를 간 가을의 초입이었다. 성모상을 둘러싼 인동 덩굴에는 아직도 붉은 꽃 꼭지가 여기저기 매달려 피어 있었다.

돌아오는 길에 한 줄기 꺾어다가 몇 개로 잘라서 마당에 심어 두었다. 그런 것이 유난히 추웠던 겨울을 지내고, 보일락 말락한 새순을 틔우기 시작했으니 탄성이 나오는 건 당연했다. 한시라도 빨리 전하고 싶어서 편지를 쓰기로 했다.

"거기서 가져온 인동덩굴에서 드디어 새순이 나왔단다. 너와 우리가 하나임을 또 한 번 확인하는 듯해서 기뻤지.

너의 입대가 우리 가족을 순화시킬 거라고 한 말 기억하지. 떨어져 있어도, 서로가 서로를 염려하는 마음이 이렇게 하나로 일치되고 있으니 축복이 따로 없다는 생각이 드는구나.

너의 입대 날 새벽 꿈에 동판에 새겨진 인동초를 보았는데, 훈련소인 연무대가 계백 장군의 위용이 서린 황산벌 터라는 말을 듣고 백제의 문양인 인동초의 상징이었나 보다 했단다.

인동은 덩굴을 이루며 자라는 나무지만 거의 풀에 가까운 외형을 가지고 있어서, 얼핏 보면 그리 강인한 느낌을 주지 않지. 백제에서는 왕의 권위를 상징하는 왕관의 무늬로 쓰기도 했단다.

노란 인동꽃은 처음에는 빛깔이 하얗다가 차츰 노랗게 변하면서 시들기 때문에 금은화金銀花라고도 하는데, 달콤한 향기가 나서 뜰에 많이들 심지. 그래서 쉽게 볼 수가 있어.

하지만, 붉은 인동꽃은 지난 해 너를 입대시킨 후 허전한 마음을 달래려고 찾아간 한택 식물원에서 처음 보았지. 그리고서 두 번째로 너의 부대 성모상 둘레에 핀 것을 보았던 거야.

군 복무 기간 동안 제 대신 성모님께서 무탈하게 돌보아주세요 하고 줄곧 기도드렸는데. 그 꽃을 통해서 걱정 말아라 하는 답을 들은 것 같아 눈물이 났었단다.

이제는 정말 너를 붉은 인동꽃의 병사로 기억하게 되겠구나. 군악대의 예복 빛깔과 연이어 행사에 참여하는 특성이 늦봄부터 가을까지 피는 붉은 인동꽃을 참 많이 닮아서지.

부대원들의 사기를 북돋워주기 위해 기꺼운 마음으로 연주하는 것이 군악병의 소임이라는 아버지 말씀과, 끝까지 그 기상을 잃지 말아야 하는 것이 기수와 나팔수라는 외할아버지 말씀을 다시 한 번 가슴에 새기려무나."

흰 민들레

한 번, 그것도 잠시 보았을 뿐인데 일부러 새기기라도 한 양 선명하게 남은 사람이나 사물에 대한 기억이 있다. 오대산 월정사 뜨락에서 만난 흰 민들레는 그런 기억 중의 하나다.

물론 그 꽃을 본 게 지난 해 오월이니 얼마 되지는 않았지만, 내 머리카락이 그렇게 흰 빛이 되도록 생생하게 남아 있을 듯하다.

그 절에 간 것은 그때가 세 번째였다. 한 번은 낙산사에 갔다가 오는 길에 들렀고, 한 번은 그 산자락 밑에 있는 산장에서 하룻밤을 지새며 돌아봤었다. 그리고 남편이 속한 자연지리협회 풍수기행에 따라 나선 길에 다시 한 번 가게 됐다.

신라 선덕여왕 때 자장율사가 창건했다는 그 절 마당에 닿았을 때는 실비가 내렸다. 표나지 않게 머리를 적셔주는 그 비는 오래된 산사의 분위기를 한층 운치있게 했다.

월정사는 금당 바로 뒤쪽에 산이 자리잡고 있어서 한 쪽으로는 계곡에서 흘러내린 물이 개천을 이룬다. 막 터져 나오는 생명의 소리가 가득 담긴, 그러면서도 꽃만치 곱고 부드러운 오월의 나뭇잎 빛깔을 내는 그 물살을 한참 바라보다가 적광전 앞으로 나왔다.

석굴암의 본존불과 같은 형식의 석불이 봉안되어 있다는 말을 떠올리며 안을 들여다보고는, 그 앞에 서있는 팔각 구층 석탑 쪽으로 발걸음을 옮겼다. 균형미와 조형기법이 뛰어나 국보로 지정되었다는 그 탑도 탑이지만, 앞쪽에 있는 석조 보살 좌상에 훨씬 더 마음이 끌린다.

전체 높이가 이 미터 가량 된다는 그 상은 탑을 향해 왼쪽 무릎을 세우고 앉아 공양을 드리는 모습이다. 연화문이 조각된 좌대 위에 자리한 보살상은 원통형의 큼지막한 관을 머리에 쓴 윗부분에 비해 몸통이 작은 편이다.

유심히 살펴보노라면 가슴은 양감을 잃어 빈약하며 뺨과 턱에 지나치게 살이 많고, 인중과 코가 짧고 이마도 몹시 좁아 균형미가 없다는 설명이 틀리지는 않는구나 싶다.

하지만 조형상의 그런 불균형에도 불구하고, 두터운 입술로 흐뭇한 미소를 머금고 있는 그 표정을 보러 일부러 월정사를 찾는 이 또한 많다는 말에도 고개가 끄덕여진다.

두 손 모아 무엇인가를 받쳐 들고 성심을 다해 공양을 드리는 자세로 앉아있는 그 모습을 대하노라니, 가톨릭 신자인 내게 아주 익숙한 '봉헌'이라는 낱말이 저절로 떠오른다.

그 때 눈에 띈 것이 다름아닌, 보살상의 발치에 딱 한 송이 피어나 있는 민들레. 유난히도 키가 작아 풀 위로 간신히 얼굴을 내민 듯한 흰 민들레였다.

절의 경내를 돌아보는 동안 노란 민들레는 여기저기서 보았는데 흰 민들레는 꼭 한 군데 그 보살상 곁에서만 볼 수 있었다. 비단 그곳에서뿐만이 아니라, 흰 민들레는 노란 민들레처럼 흔하지 않다고 들은 적이 있다. 따로 줄기를 내지 않고 방석처럼 땅을 덮은 이파리 위로 꽃대만 나와 한 송이씩 꽃을 다는 것은 노란 민들레와 별반 다를 바 없는 데도 말이다.

그 말을 듣고서부터 눈여겨보기 시작했는데 정말 흰 민들레는 보기가 쉽지 않았다. 사오월이면 간선도로변의 둔덕이나 강가의 시민공원 잔디밭에서도 노란 민들레는 얼마든지 볼 수 있었다.

그 민들레가 토종이 아니라고 달가워하지 않는 이도 있지만, 어쨌든 정겨운 풍경이었다. 하지만 자그마한 밭을 이루기라도 하듯이 일제히 피어있는 노란 꽃들 속에서 흰 빛깔은 찾기가 어려웠다.

그런 민들레를 석조상 옆에서 뜻하지 않게 발견하자, 그 꽃이 보살의 지극히 겸허한 마음을 대신하는 듯해서 얼마나 귀하게 여겨지는지 몰랐다. 아무 데나 흔하지 않게 피지 않고 반드시 있어야할 자리에, 그것도 깊은 의미를 담아 필 줄 아는 꽃이구나 싶어 눈이 떨어지질 않았다.

얼마 전에는 내가 다니는 성당이 자리를 옮겼다. 건물이 너무 낡아서 새로 짓기 위해 헐어야했기 때문이다. 일 년 남짓한 공사 기간 동안 임시로 정한 곳은 오층짜리 건물의 맨 아래층이었다.

그곳에서 미사를 드리노라면 소도시의 성당 같은 조촐한 분위기가 느껴져서 오히려 좋았다. 더구나 카펫이 깔린 맨바닥에 모셔진 목각 성모상이 퍽이나 인상적이었다.

먼저 건물에서는 높은 단 위에 세워져 있어서 고개를 쳐들어야 얼굴을 볼 수 있었다. 한데 공경의 대상인 분이 나와 같은 눈높이를 하고 있음을 안 순간, 보살상 곁에서 더는 작아질 수 없는 키로 피어있던 흰 민들레가 떠올랐다.

그 꽃이 누구보다 낮은 걸음으로 순명하며 살아갔던 성모님의 또 다른 상징이 되고 남으리라는 생각이 들어서였을까.

가끔씩 단박에 읽는 이를 매료시키는 문장을 구사하지 못하는 빈약한 내 글재주에 맥이 빠지곤 했는데, 그 날만은 아니었다. 작은 꽃 한 송이에서 보살상과 성모상의 겸허함을 찾아낼 수 있는 눈을 지녔다는 것만으로도 얼마나 뿌듯한지.

오랜만에 대견한 깨달음 한 조각을 얻었다는 기쁨에 내가 감히 그 꽃의 자세를 받아들이기라도 한 것 같았다.

얼룩 꽃다발

　　　　　　　　　　자줏빛과 빨강빛이 섞인 연지빛의 장미를 스무 송이 산다. 얼룩 꽃다발을 만들기 위해서다. 얼룩 꽃다발이란 얼룩을 가리기 위한 꽃다발을 내 임의로 줄여서 부르는 말이다.

　꽃송이가 겹치지 않도록 길이에 차이를 두고 묶어서는 얼룩이 있는 벽에 거꾸로 매달면 된다. 다 피면 모양새가 흐트러지기 때문에 꽃잎이 약간만 벌어진 싱싱한 꽃들을 말리려면 좀 아깝긴 하다.

　그런 마음 가운데로 걸어 들어오는 그림자가 하나 있다. 나로 하여금 얼룩 꽃다발이란 말을 지어내게 한 제자다.

　학교에 나갈 때의 어느 일직날이었다. 텅빈 교무실에서 오후까지 호젓이 지내다가 무심코 창가로 갔다. 공을 차던 아이들도 다 돌아간 운동장을 가로질러 오는 그림자가 보였다.

　그리고는 잠시 후 뒷문을 가볍게 두드리는 소리가 나는가 싶더니,

훤칠한 청년이 조심스럽게 들어섰다. 손에는 진한 빨강의 장미 꽃다발이 들려 있었다.

군복무를 마치고 돌아와 복학해서, 대학교 사학년에 재학 중이라는 그 제자가 연락을 한 건 한 달쯤 전이었다. 내가 나가는 학교와 가까운 곳에 있는 중학교에서 교생 실습을 시작했노라며 찾아뵙겠다고 했다. 실습을 마치고 천천히 만나자며 전화를 끊었다.

그 후 한달이 지났을 무렵 실습을 잘 마쳤다면서, 학교로 돌아가기 전에 오고 싶다고 시간을 물어 왔다. 마침 있게 된 일직날을 일러 줘 놓고는 그때까지 까맣게 잊고 있었다.

그걸 행여라도 안다면 얼마나 서운할까 싶어 도가 넘치게 반가움을 표시했다. 그러는 내게 그 친구는 들고 온 꽃다발을 내밀었다. 나 주는 거냐며 웃음으로 받자, 꽃 좋아하는 건 여전하시네요 했다.

그러더니만 수업을 하다가도 꽃에 관한 내용만 나오면 책은 아예 덮고 꽃 전설을 들려주던 거 기억나느냐고 했다. 잘 들어 두었다가 연애할 때 써 먹어라 했던 것 또한. 교사는 원래 자기가 한 말을 다 기억하지 못하는 법이라고 하니 불쑥 또 다른 말을 꺼냈다.

"하지만 전 선생님 때문에 사범대 국어교육과에 가게 됐는 걸요. 선생님께 국어를 배울 때부터 작정했었거든요. 선생님 같은 국어 선생님이 되겠다고 말이에요."

커피를 한 잔 타주고 나서 이번엔 내가 입을 열었다.

"학창 시절에 가장 인상 깊었던 선생님을 꼽으라면 열 명 중에 일곱 명은 국어 선생님이라고 대답한다지. 나도 그 중 한 사람일 뿐, 특별히 인상적이었던 건 아니야."

돌이켜 보면 내가 중고등학교 시절에 만났던 국어 선생님들은 다 멋진 분들이었다. 그 멋지다는 게 내게는 파격적인 일면을 지니고 있다는 의미로 받아들여졌다.

중학교 땐 등꽃이 필 무렵이면 아예 운동장가의 파고라 밑에서 국어 시간을 보낸 기억이 난다. 물론 교과서도 공책도 필기도구도 없이 싱그러운 이야기꽃으로만 채워졌다.

고등학교 삼학년 때도 그랬다. 눈이 내린 체육 시간 뒤에 국어 시간이 이어졌는데 입시 준비에 지칠 대로 지친 반 친구 대부분이 단합을 해서 안 들어가기로 했다.

실컷 눈장난을 하다가 슬슬 걱정이 돼서 뒷문으로 기어들어가니 연세 지긋한 선생님은 동조 안 한 아이들과 영화 얘기가 한창이었다. 못 들은 녀석들은 참 안 됐다 하는 표정까지 지으면서.

"국어 교사가 되고서는 그분들의 파격적인 면을 닮고자 했지만, 스스로 만족스럽게 여길 정도는 아니었지."

내 말에 그 친구는 이내 반박을 했다. 줄곧 신경전을 벌이던 두 아이에게 화해를 권해도 안 되니까, 점심시간에 책상 다 밀어놓고 문 닫아 걸고는 반 전체가 보는 앞에서 싸움을 시키지 않았느냐고

서로 코피까지 터질 정도로 치고받고 하고 나서야 선선히 악수하는 걸 지켜보며 안도의 숨을 쉬던 선생님은 그때까지 만난 어느 선생님보다 파격적이었다고.

십여 년 전 이야기를 주고 받느라 날이 어두워서야 학교를 나왔다. 면 보자기 대신 배춧잎을 깔고 만두를 찌는 집에 들렀다. 다 먹고 나서 그 친구는 중등교사 임용 시험에 꼭 합격하겠다는 말을 남기며 돌아섰다. 나는 그가 준 꽃다발을 손대신 흔들어 주었다.

집에 돌아와 그걸 어디다 걸어 말릴까 두리번거리다가, 내 방 모퉁이의 얼룩에 눈이 갔다. 지난 해 장마 때 생긴 거였다.

같은 벽지도 없고 달력을 걸기도 뭣해서 그냥 내버려 두었는데, 그 자리에 작은 못을 박고 꽃다발을 묶은 철사를 조금 풀어 거꾸로 매달았다. 그러고 나니 얼룩을 가리기 위해 건 꽃다발이 오히려 방 분위기를 돋워 주는 거였다.

'나이 들면서 늘어가는 게 삶의 얼룩뿐이란 생각이 들어 우울해지곤 했는데, 오늘 그 중 하나를 옛 제자가 찾아와 가려주었구나.'

학교를 그만 두고서야 깨달은 게 있다. 교사로 불리는 동안 내가 저지른 자잘한 실수와 오류들이, 가르치는 사람이라는 명분만으로 얼마나 여러 차례 가려지는 혜택을 누렸었는지. 결국 학생들이 내게는 얼룩 꽃다발인 셈이었다.

어딜 가도 선생님으로 불리지 않는 지금은 그런 존재가 없으니, 스스로 꽃다발을 만들어 걸며 내 허물을 덮을 뿐이다.

빨간 줄장미 기도

깊은 밤에 눈이 떠졌다. 달빛이 창문에 비쳐서 방 안이 훤했다. 더는 잠이 올 것 같지가 않아 조용히 일어나 창문을 열었다. 작은 뜨락에 심어진 줄장미가 어느새 창틀까지 뻗어 올라와 빨간 꽃송이를 여기저기 매달고 있었다.

내 나름대로의 의미를 지니고 바라보기 때문일까. 달빛 아래서지만 꽃송이의 빨간 빛이 주는 느낌이 선명하고 강하게 와닿았다. 오래 전부터 그 줄장미를 좋아해온 건 타오르는 삶에의 불꽃이 그 자그마한 송이송이에서 느껴지기 때문인지도 몰랐다.

내가 다닌 여학교는 줄장미의 성城이라고 할 만큼 줄장미가 많은 곳이었다. 유월이면 여러 가지 빛깔의 줄장미가 교정의 이 곳 저 곳에서 탐스럽게 피어나곤 했다.

그 줄장미 중에서도 유난히 마음을 끈 건 빨간 빛의 줄장미였다.

누구에겐가 여자는 피를 사랑하며 살 수밖에 없다는 말을 듣고, 그 빨간 빛을 마음에 받아들였기 때문인 듯했다.

한번은 분숫가의 아치를 타고 올라간 그 줄장미를 바라보다가 야릇한 충동이 일었다. 손가락을 일부러 가시에 대서 찔리고는 솟아나는 핏방울을 하얀 손수건에 떨어뜨렸다. 순간 핏방울이 줄장미처럼 피어난 듯한 느낌이 들었다.

그때의 느낌은 머릿속에 인상깊게 남았다. 그후론 빨간 줄장미만 보면 나도 모르는 사이에 핏빛을 떠올리곤 했다.

대학교 때 헌혈을 하고 나서부터는 그 느낌이 더욱 강해졌다. 처음 해본 헌혈은 작은 희생의 의미보다는 일종의 쾌감으로 다가왔다. 몸 속의 피가 굵은 바늘을 통해 빨려 나가는 동안 내 안의 생명이라도 확인하는 기분이었다.

바늘을 빼고 난 뒤에도 피는 잘 멈추지 않았다. 솜으로 비비고 있다가 떼면 핏방울이 주르르 흘러내렸고, 흘러내린 피는 하얀 침대 시트 위에 떨어졌다. 그 순간 생명이 줄장미처럼 피어났다는 생각이 아주 강하게 드는 거였다.

그 뒤로는 가끔씩 헌혈을 하고 싶은 충동을 느꼈다. 명동성당 앞에 있는 헌혈의 집을 알고 나서는 그것이 더욱 잦아졌다. 깨끗한 방에서 피를 뽑는 것이 무슨 의식처럼 여겨지기까지 했다.

그러는 사이 내게 있어 헌혈은 차츰 아픔을 표현하고 달래는 몸짓이 되어 갔다. 이상한 건 유월이 되어 빨간 줄장미가 피어나기만 하면 아픔이 시작된다는 사실이었다.

밖에서 바람이 불 때도 있고, 스스로의 짐 때문에 휘청거려야 할 때도 있었다. 그것이 한두 번 반복되다 보니, 나중에는 아예 그 줄장미가 피기도 전에 걱정이 앞섰다. 꽃송이에서 느껴지는 강렬함을 좋아하면서도 한 편 두려워졌다.

그리고는 그 불안에서 벗어나기라도 하려는 듯이 헌혈의 집을 찾아가곤 했다. 반항 섞인 마음으로 피를 뽑고 나면, 내가 먼저 아픔의 줄장미를 피워버린 양 후련했다.

그런데 결혼을 한 뒤로는 헌혈을 할 수가 없었다. 줄장미를 통해서 가지던 감정이 잊혀진 건 결코 아니었다. 오히려 나를 내줄 수밖에는 없는 남편과 아기와의 생활에서 오는 갈등은 그 때까지 상상도 해본 적이 없을 만큼 컸다.

게다가 남편과 함께 감당해야 하는 현실적인 일들 앞에서 내 스스로 생각해도 이해가 안 될 정도로 극도로 신경질적이 되곤 했다. 그런 날카로움들이 차츰 쌓여 간 탓일까.

정말 의아하게도 줄장미가 피는 유월이면 심하게 다툴 일이 생기곤 하는 것이었다. 남편의 입에서는 유월에 무슨 일이 있었던 게 아니냐는 소리까지 나왔다.

하지만 아무리 생각해도 받아들이기 힘들 만큼 나쁜 기억은 없다.

다만, 유월이면 빨간 줄장미와 함께 이루어지곤 하는 일치가 되살리고 싶지 않은 기억이 되어 가고 있을 뿐이었다.

그 모든 생활의 어지러움을 다 지우고야 말겠다는 마음을 안고 몇 번 헌혈을 하러 갔었다. 그러나 어쩔 수 없이 되돌아 나와야만 했다. 내게 주어진 건 어느 하나도 포기하지 않겠다는 오기로 이어지는 하루하루가 어느새 몸을 지치게 하고 있었기 때문이다.

헌혈을 하기 전에 손가락에서 약간의 피를 뽑아 푸른 시약 속에 넣어 보면, 피는 동그랗게 뭉쳐져서 떠올랐다. 피의 농도가 정상보다 묽어졌기 때문이라고 했다. 나를 위해서도, 내 피를 받게 될 그 누군가를 위해서도 헌혈은 안 된다는 거였다. 그 말은 그대로 또 다른 서글픔이 되어 가슴을 흔들었다.

어느날 그렇게 돌아 나오던 내 눈이 헌혈의 집 위쪽에 있는 성모상에 머물렀다. 그 순간 전에는 해본 적이 없는 생각이 머리를 스치고 지나갔다. 저 여인의 얼굴이 저토록 하얘진 건 어쩌면, 너무나 많은 피를 흘렸기 때문이 아닐까.

동정녀로 아들을 낳고, 끝내는 말할 수 없는 외로움 속에서 그 아들의 시신을 부둥켜안아야만 했던 삶. 그 삶이 어찌 흘러내리는 핏방울의 연속이 아니었다고 말할 수 있을까.

그 깨달음 속에서 그 여인을 위해 바치는 기도가 장미를 의미한다던 말이 떠올랐다. 쉰세 살, 그 여인의 일생을 뜻하는 묵주를 돌리며 하는 기도는 줄장미가 되는 셈이었다.

  그 여인의 삶이 그토록 온통 아픔이었으니, 줄장미 중에서도 분명 핏빛을 연상케하는 빨간 빛 꽃송이이리라.

  그렇다면 내가 스스로를 일으킬 수 없다고 느낄 때마다 바쳐 온 묵주의 기도는 어느새 그 줄장미로 화하고 있었던 건지도 몰랐다. 결국 빨간 장미를 바라보며 아픔에 시달린다고만 느꼈던 유월에, 나는 가장 진한 삶의 기도를 하고 있던 셈이었다.

넝쿨장미 성城

그곳은 예전처럼 넝쿨 장미에 둘러싸여 있었다. 내가 그곳에 머물렀던 때와 마찬가지로 넝쿨장미의 성이 되어 있었다. 정문 옆 담장과 음악실 난간과 분숫가의 아치를 타고, 무더기 지어서 피어난 빨강, 분홍, 하양의 장미, 장미들.

주변 사람들은 언제부턴가 그곳을 넝쿨 장미의 학원이라고 불렀었다. 넝쿨 장미가 피어나 교정이 온통 꽃송이로 장식 되는 때면 너나 할 것 없이 더욱 그렇게들 부르곤 했다.

그곳에 사는 우리는 한층 더 아름다운 이름을 붙여 넝쿨 장미의 성이라고 했다. 그렇게 부르면서 영화의 주인공이라도 된 듯한 기분에 사로잡히는 건지도 몰랐다.

그 곳에 그렇게 넝쿨 장미가 많아지게 된 건 초대 교장님의 손길 덕분이었다. 그분은 머리가 하얀 노인이었는데 넝쿨 장미를 유난히 좋아했다고 했다. 그곳에 머무르는 동안 틈만 나면 구해다 심고는 손수 가꾸었다. 그리고는 자기가 심은 넝쿨 장미가 무성하게 자라났을 무렵 그곳을 마지막으로 교단을 떠났다.

넝쿨 장미가 숱하게 피어나는 때면 으레 그분의 이야기가 오가기 마련이었다. 이미 세상 밖의 사람일 그분은 꽃송이에 실려 해마다 우리 마음 안에서 되살아나는 셈이었다.

넝쿨 장미가 여기저기서 피어나면 꿈을 꾸는 얼굴도 그만큼 늘어갔다. 점심 시간이면 알 수 없는 설레임으로 꽃송이를 바라보며 서 있다가 종소리를 놓치기 일쑤였다. 어쩌면, 그런 우리가 넝쿨 장미의 성 안에 핀 또 다른 의미의 무수한 넝쿨 장미였는지 몰랐다.

오랫동안 잊고 있었던 그곳에 갑자기 가보고 싶은 생각이 든 건 내 집 담장을 타고 올라간 넝쿨 장미 때문이었다. 빨간 꽃송이가 하나 둘 피어나는 걸 바라보다가, 여고 시절이 담긴 넝쿨 장미의 성을 문득 떠올린 거였다.

그리움을 안고 그곳을 찾아간 건 그리 늦지 않은 오후였다. 수업이 아직 끝나지 않은 그곳은 퍽이나 조용했다. 탐스럽게 피어난 넝쿨 장미만이 불어오는 바람에 향기를 날리고 있었다.

천천히 교정을 거닐다 보니, 단발머리를 한 또 하나의 내가 어디선가 나타날 것만 같은 기분이 들었다. 그러다 분숫가의 아치 아래에 발길이 멈췄다. 내 자리라고 여길 만큼 퍽이나 좋아했던 곳이어서 더욱 가슴이 뭉클해 왔다.

아치를 타고 피어난 넝쿨 장미는 빨간 빛이었다. 그곳에 유난히 자주 가곤 했던 것은 다름아닌 그 장미 때문이었다. 이상하게도 넝쿨 장미의 그 빛깔에서 나는 핏빛을 연상했다.

빨간 빛 꽃송이를 하나 하나 들여다 보고 있노라면 핏방울을 보는 듯한 느낌이 들었다. 그 느낌 속에는 누구보다 아름답고 강한 생명의 불꽃을 태우리라는 꿈도 함께 들어있곤 했다.

그러던 어느날 넝쿨 장미를 몹시 사랑했다는 한 시인의 이야기를 알게 됐다. 그 시인이 넝쿨 장미가 필 무렵 장미의 가시에 찔려 죽었다는 게 퍽이나 인상적이었다.

분숫가의 아치 밑에 갈 때마다 자꾸 그 시인의 이야기가 되살아났다. 나도 그 시인처럼 전설적인 죽음을 하고 싶다는 생각은 차츰 야릇한 충동에 이끌리게 만들었다.

어느 토요일 늦은 오후였다. 수업이 끝난 지 오래여서 분숫가엔 아무도 남아 있지 않았다. 그저 가벼운 바람만이 이따금 지나갈 뿐이었다. 좀 망설이다가 넝쿨 장미의 줄기에 붙은 굵은 가시에 오른 손의 엄지손가락을 대고 눌렀다.

금방 피가 나지는 않았다. 더 힘을 주었다가 떼자 핏방울이 솟기 시작했다. 들고 있던 하얀 손수건에 핏방울을 떨어뜨렸다. 그걸 보며 넝쿨 장미의 빨간 꽃송이를 닮았다고 느꼈다. 아니, 그보다 훨씬 진

선우 올리브 북스 ⑥

한 내 생명의 장미를 피웠다고 여겨졌다.

그러면서 넝쿨 장미의 시인 못지 않게 위대한 시인이 되고야 말겠다고 가슴 깊이 다짐을 했다. 어느 수업시간엔가 졸리워하는 우리들을 향해 선생님이 한 마디를 던진 적이 있었다.

"너희들이 서른 살이 되었을 때를 눈 감고 한번 생각해 봐라."

그 말에 서슴지 않고 난 마음속으로 부르짖었다. 누군가의 아내가 되어 아이나 낳고 살고 있다면 차라리 죽어 버리겠다고 말이다. 그때가 되살아나자 입가에는 저절로 쓸쓸한 웃음이 지어졌다.

어처구니없게도 그때는 죽어버리겠다고 했던 모습으로 이미 서른을 훌쩍 넘긴 나이를 이어가고 있으니. 분숫가의 아치를 찾아오기 전까지는 그렇게 말했다는 것조차 까맣게 잊고 있었으니.

그때로 돌아가 넝쿨 장미를 바라보며 다짐을 하던 나를 만나게 된다면 무어라 해야 할까. 그 나이에서 꾸어 보던 꿈은 삶의 여로 속에서 다 그렇게 변하기 마련이라고 변명을 해야 할까.

그러다가 예전처럼 핏방울의 꽃송이를 피워보고 싶은 충동이 일었다. 넝쿨장미 줄기의 가시를 향해 엄지손가락을 내밀다보니 손이 몹시 마르고 거칠어졌다는 느낌이 들었다.

하루하루 바쁘게 지내느라 거의 눈길을 돌린 적이 없었는데, 어느 새 이렇게 볼품없이 되어버렸을까. 갑자기 서글픔이 밀려온다고 느낀 순간 머릿속을 스치고 지나가는 게 있었다.

그건 마르고 거칠어진 손이야말로, 넝쿨 장미의 성 안에서 꿈을 꾸었던 내게 지금까지의 삶이 얼마나 고단했는지―그러나 그런 속에서도 얼마나 성실했는지를 보여주는―가장 꾸밈없는 대답이 될지 모른다는 사실이었다.

작약 두 송이

유리병에 꽂아 두었던 붉은 작약 두 송이가 어제 졌다. 꽃이 질 땐 늘 아쉽게 마련이지만 이번엔 아쉬움이 유난히 깊다. 떨어진 꽃잎이나마 말릴 양으로 바구니에 담아 두었다.

그러고 나니 십여 년 전의 기억이 떠오른다. 그 때는 탐스러운 황색의 장미 두 송이가 진 걸 몹시 아쉬워하며 꽃잎을 말려 고이 간직했었다. 그 무렵엔 일상의 거미줄에 얽혀 통 글을 쓰지 못하고 지냈다. 내적인 것이 풀리지 않으니 신경이 곤두서는 건 당연했다.

그럴 때면 가까운 곳에 있는 성당으로 발걸음을 옮기곤 했다. 때론 사려 깊은 노인 신부님과 이야기를 나누고, 때론 텅 빈 성당 안에 혼자서 앉아 있기도 했다.

한 번은 겨울이었는데, 그 날 따라 무슨 행사가 있는지 성당 안에 사람이 많았다. 도망치듯이 계단을 내려와 뜨락에 있는 등나무 파고라 밑에 가서 소리없이 울었다.

  얼마를 그러고 있다가 인기척이 나서 보니 신부님이 서 계셨다. 이 추운데 누군가 했지. 내가 아무 말없이 고개를 숙이며 또 울자 신부님께서도 그대로 지나치셨다.

  그 후 봄이 가고 초여름이 오자 성당 뜨락에서는 신부님이 손수 가꾼 갖가지 장미가 피어났다. 그 중에서도 사제관 앞에 핀 황색 넝쿨 장미는 일품이었다. 넝쿨 장미인데도 꽃송이가 퍽 탐스러웠다.

  하루는 퇴근길에 들러 물끄러미 바라보고 섰는데 마침 신부님께서 지나가셨다. 날 보시더니 잠깐만 기다리라며, 안으로 들어가서는 꽃가위를 들로 나오셨다. 그리고는 막 피어나는 그 꽃 두 송이를 뚝뚝 잘라 건네주시는 거였다.

  "받아요. 이젠 글 쓰라는 뜻이니까."

  눈이 커지며 받아든 장미는 그대로 가슴 속의 빛나는 해가 되어주었다. 누군가가 날 그토록 깊이 이해해주었다는 사실만으로 힘이 솟았다. 그 때문인지 얼마 안 가 다시금 글을 쓸 수 있었고, 꽃에 대한 애정도 그 때부터 더욱 강해졌다.

  일 주일 전 붉은 작약 두 송이를 건네준 분 역시 신부님이었다. 수도회에 속한 그분을 처음 만난 건 성지 순례길에서였다. 거기서 그분이 그림을 그리신다는 걸 알았다.

  이 주일 뒤에 열린 신부님의 개인 전시회에는 일일이 팜플렛을 보내줘서 가게 됐다. 시간이 일러 아직 사람이 많지 않았기에 신부님과 개인적으로 인사를 나눌 수 있었다.

그분은 얼마 전에 내가 쓴 '장다리꽃 아이들'을 평화 신문에서 보았다고 했다. 그리고는 수도원 안에 있는 화실을 일러주며 시간을 내서 한 번 다녀가라고 했다.

선과 색채가 자유로운, 뜨거운 추상화 계열인 신부님의 그림은 나로선 이해하기가 어려웠다. 절제된 속에서 뿜어나오는, 그 무엇인가를 향한 열정만을 느낄 수 있을 뿐이었다.

그것은 미술 연구소를 겸한 신부님의 화실에 가서 더 여실히 느낄 수 있었다. 허름한 옷차림으로 그림 앞에 서 있는 그분에게선 수도자도 사제도 아닌 화가의 모습만 보여졌다.

차를 마시는 동안 신부님이 들려준 독일 유학 시절의 이야기는 인상적이었다. 너무 열심히 긴 시간 줄기차게 그림을 그리다 쓰러진 일이며, 그렇게 그린 그림을 다 찢고 또 그리고 찢곤 해서 자루에 가득 담아 가지고 돌아온 일 등.

그분의 이야길 듣노라니 내 자신이 그렇게 초라하게 여겨질 수가 없었다. 모든 걸 쏟아 부으며 무섭도록 그림에 몰두하고 있는 저 가슴 속의 불꽃, 안타깝게도 내겐 그것이 없었다.

터져나오는 열기로 원고지를 메꾸지 못하고 쥐어짜듯이 써내곤 했던 글들. 짧은 말로는 아무리 해도 가까이 갈 수가 없었기에, 그동

안 매달려온 꽃들로부터도 물러나고 있지 않았나.

　이야길 주고 받는 사이에 신부님은 그런 나의 내면을 읽어 내기라고 한 모양이었다. 돌아오려고 일어서자 밖에까지 따라 나오며 뒤쪽에 있는 뜨락을 보고가지 않겠느냐고 했다.

　뜨락엔 잔디가 깔려 있고 돌계단을 올라가니 화단이 있었다. 그 화단의 한 켠에서는 붉은 작약이 한창이었다. 감탄을 하며 바라보다가 내려오는데, 갑자기 신부님이 되돌아 올라갔다.

　작약이 핀 쪽으로 가는가 싶더니 바람이라도 인 양 꽃줄기가 심하게 흔들렸다. 어느새 내려온 신부님의 손에는 놀랍게도 봉오리진 그 꽃 두 송이가 들려 있었다.

"꽃 이야기 계속 써요, 좋아요."

가지고 돌아와 피어나는 걸 지켜보며, 처음으로 작약이 가슴에 불꽃을 담고 있다는 걸 알았다. 동그란 겉꽃잎이 벌어지자 불꽃을 닮은 속꽃잎들이 너울 너울거리며 솟아나는 것이었다.

작약이 지닌 그 불꽃을, 내 가슴 옮기고 싶다는 강한 바람이 이루어지기라도 한 것일까. 어느 순간 사그러들었던 글에 대한 열정이 활활 되살아고 있음을 느낄 수 있었다.

다시금 꽃에 빠져들면서 알아지는 것이 또 하나. 두 신부님이 꺾어준 황장미와 붉은 작약은 그냥 꽃이 아니었구나. 그건 내 영혼을 지피려는 손길, 끝내 날 일으켜 세우고야 말 다른 한 분의 의지였는지도 정녕 모르겠구나.

자주 바다나리

바다나리가 그토록 의미깊은 존재로 다가올 줄은 미처 몰랐다. 뭍에 피는 나리도 좋아하는 꽃인데, 바닷속에서 본 나리는 그보다 몇 배 마음을 끌었다.

바다백합 또는 갯고사리로도 불리우는 바다나리가 불가사리, 거미불가사리, 성게, 해삼과 더불어 극피동물을 이루는 한 무리라는 것은 이미 알고 있었다.

그런데도 내 눈에는 여전히, 여러 개의 깃털이 달린 줄기를 가진 노랑빛과 연둣빛과 짙은 녹빛의 바다나리가 식물로 보여졌다. 더구나 빨간 빛이 도는 자줏빛을 띤 바다나리는 아무리 보아도 선연한 아름다움을 지닌 꽃에 가까웠다.

고대 바다에 살았던 바다나리류는 식물의 뿌리를 닮은 자루 부분을 바위나 단단한 바닥에 붙이고, 그 위에 달린 깃털팔을 벌려 지나가는 먹이를 잡아먹었다고 한다.

원시형의 그 바다나리가 아직 남아 있기는 하나 모두 수심이 깊은 바다에서만 볼 수 있고, 내가 만난 자루가 없는 바다나리는 비교적 얕은 바다에서 흔히 눈에 띄는 종이라고 들었다.

모양이 약간 다르다고는 해도, 한포기 고사리나 꽃송이로 보인 바다나리가 사람과는 비교가 안 될 정도로 오래 전부터 살아온 동물이라는 데는 놀라지 않을 수 없었다.

한데, 필리핀 아닐라오 섬 앞바다에서 바다나리를 만났을 때는 전혀 다른 의미로 다가왔다. 그것은 원시시대부터 기나긴 시간을 살아온 존재로서가 아니라, 꽃을 닮은 아름다움과 함께 종교적인 상징성을 지닌 존재로 보여졌다.

바다나리를 만난 그날의 다이빙이, 내게 있어서는 해외 바다에서의 첫 야간 다이빙이라 설레임이 컸다. 수중 전지의 불빛이 가닿는 대로 모습을 드러내는 바닷속은 기대 이상이었다.

현란한 색채를 자랑하는 산호와 말미잘과 물고기들의 향연장이라고밖에는 달리 표현할 말이 없었다. 그 중에서도 가장 인상적인 것이 꽃자줏빛을 띤 바다나리였다.

활짝 핀 한송이 꽃이라도 되는 양 누군가의 승리를 축하하는 화관이라도 되는 양, 깃털팔을 한껏 벌리고 바닷속 바람에 너울대는 자줏빛 자태들이 여기저기서 눈에 띄었다.

다음날 아침엔 일어나자마자 밤에 갔던 그곳으로 다시 나갔다. 들어가 보니 바다나리는 여전히 많은데 깃털팔을 모두 안으로 말아들인 모습이었다. 밤이 깊도록 이어진 물 속 향연이 끝난 뒤, 새벽 무렵에야 깊은 잠이 들기라도 한 걸까.

　게다가 불빛을 받지 않아서인지 화려하기까지 하던 깃털의 꽃자줏빛은 어두운 자줏빛으로 바뀌어 있었다. 밤에 본 것이 환희에 찬 모습이었다면, 아침에 보여지는 것은 고통에 일그러진 얼굴을 묻고 흐느끼는 형상이었다.

　뜻밖인 건, 그 웅크린 모습을 보는 순간 바다나리가 정말 식물이 아닌 동물이구나 하고 실감이 났다는 사실이었다. 한 번 그런 느낌이 오고 나니, 슈트나 장갑에 덥석 붙어 깃털팔이 부서진 모습을 보아도 가슴이 저렸다.

　계속된 다이빙 일정 속에서 바다나리가 지닌 상반된 모습을 번갈아 지켜 보는 동안, 그 모습 안에 담겨진 의미를 스스로 발견하게 됐다. 그리고 그 자줏빛이 우선 종교적인 감흥을 불러일으키고 있음을 알 수 있었다.

　자줏빛은 신성神性이 거두어지고 인성人性만 남은 모습으로 십자가에 못박힌 예수님의 마지막 옷빛깔이었다. 로마 병사들은 왕이 입었던 빛깔인 자줏빛 옷을 예수님의 몸에 걸쳐 주며, 왕이라면 이 고통에서 벗어나 보라고 조롱했다.

　내가 다니는 성당의 십자고상 뒤에는 자줏빛 휘장이 쳐져 있는데,

그것 역시 그분의 마지막 옷을 연상시켰다. 마음이 괴로운 날 성당에 들러 물끄러미 바라보노라면 그래서 더욱 가슴이 아파오곤 했다.

평온한 일상 안에서는 곧잘 예수님처럼 순명하는 자세가 된 듯하다가도, 조금만 바람이 불면 '어째서 이렇게 시달려야 하는 건가요' 하고 단박에 항명을 일삼는 눈빛. 상처는 늘 나만이 입는 것 같아 너무도 할 말이 많은 입술.

십일월이면 으레 꺼내 입게 되는 자줏빛 스웨터가 있다. 늦가을 바람에 떨고 다니는 딸을 위해 오래 전 친정어머님께서 떠주신 것이다. 어떤 시련도 달게 받아 안는 자세로 살아가라고 굳이 그런 빛깔 옷을 떠주셨던 것일까.

거기다 십일월에 들어오는 며느리인 내게 시어머님께서는 자줏빛 빌로드 한 감을 함에 넣어 보내 주셨다. 내가 그 빛깔에서 느끼는 감정을 알고 일부러 고르신 건 아니겠지만, 시간이 지날수록 결혼 생활의 어려움을 끝까지 감내하라는 의미로 받아들여졌다.

자줏빛에 부여한 의미가 너무 커서인지, 벌써 십오 년이 가까워오도록 그 옷감을 넣어 두고만 있다. 이제는 한복을 해입어도 되지 않을까 하는 생각이 들어 펴보다가도, 그 빛깔을 받아들일 자신이 영 없어서 도로 개켜 두곤 한다.

망설이는 마음속에는 아마도, 지금의 내게 과연 순명의 자세가 있기나 한 걸까 하는 반성이 숨어 있어서인지 모른다. 지녀온 자랑을 미련없이 떨구어내고 겨울을 향한 길목에 빈 손으로 선, 저 십일월의 나무를 닮은 순명의 자세가.

　자주 바다나리가 기쁨에 찬 밤의 모습과 힘겨워 등을 웅크린 낮의 모습으로 의미깊게 다가온 것 또한 우연만은 아닐 게다. 그러기에 어두운 자줏빛 형상을 닮은 아픔을 통해서, 화관처럼 펼쳐져 있던 꽃자줏빛의 환희를 얻으리라는 결의가 다시금 생겨난다.

뚜깔꽃 산책

방파제 위로 난 길을 따라 걷는다. 바다가 바라다 보이는 길의 왼쪽엔 목책 모양을 한 울타리가 길게 이어져 있다. 비가 내리는 길에는 아무도 없다.

서산과 당진을 잇는 대호 방조제의 조성으로 육지가 된 섬, 도비도搗飛島에 꾸며진 농어촌 휴양단지. 갯벌 체험과 영농 체험을 함께 할 수 있다는 이곳에선 세미나가 열리고 있다. '삶과 문학'이라는 주제로 발표가 시작되자마자 빠져나온 건 길 때문이었다.

도착해서 배정받은 방의 창문으로 저만치 내려다보이는 길은 청잿빛 바닷물과 함께 착 가라앉은 분위기였다. 어둠이 내리고 가로등이 켜지면 오히려 사라져버릴 그 정취를 놓치고 싶지 않았다.

우산을 썼는데도 빗방울은 엷은 녹색의 치맛자락에 점점이 날아와 찍힌다. 걸을수록 바투바투 찍히던 무늬는 어느새 물감처럼 번져

나간다. 가슴에 찍히는 우울도 그렇게 빠른 속도로 번진다.

목책 모양의 울타리 중간 중간엔 바다로 향한 계단이 나 있다. 몇 계단을 내려서자 출렁이는 바닷물이 발끝에 와 닿는다. 그 밑으로 두세 계단은 물에 잠겨 있다.

순간 그리로 내려서고 싶은 충동이 인다. 계단은 계속해서 바닷속을 향해 이어져 있을 듯하고, 그걸 하나하나 밟고 가면 이 모습 그대로 깊은 곳에 닿을 것만 같다.

그런 착각은 스쿠버 다이빙을 하면서 생겨난 거였다. 훈련을 거듭하면서 몸놀림이 편해지자, 공기탱크와 그에 연결된 호흡기 없이도 쉼쉬기가 가능할 것처럼 여겨졌다. 어처구니 없는 그 생각은 다이빙을 그만둔 뒤까지 이어졌다.

문득 이쪽 바다에서 다이빙을 한 기억이 떠오른다. 대산에서 배를 타고 나가 다다른 바위 절벽에 대나무가 무성한 죽도라는 섬에서였다. 그 무렵 그 바다에서 식인 상어로 불리는 청상아리가 나타나 해녀의 다리를 물어뜯었다는 기사가 실렸음에도 불구하고, 예정대로 강행한 다이빙이었다.

하늘은 맑은데 파도가 심해서였는지 바닷속은 듣던 것보다 훨씬 어두웠다. 처음에는 은회색이다가 연녹색으로 변하고 연녹색에서 짙은 녹색으로, 그리고 아예 검은 색으로 바뀌어 버렸다.

코 앞에 갖다댄 손가락이나 겨우 보일 듯한 어둠 속에서 오리발이 바닥에 닿는 느낌만 전해져 왔다. 몸을 한 바퀴 돌려봐도 어디가 어딘지 도무지 분간이 안 되긴 마찬가지였다. 금방이라도 청상아리가 공격이라도 해 올 듯 머리가 쭈뼛거렸다.

 게다가 마주보며 함께 하강을 한 짝조차 보이질 않았다. 더듬더듬 하다가, 아무리 두려워도 급상승은 금물이라 천천히 수면으로 떠오르니 멀찌감치 짝의 얼굴이 보였다.

 조류 때문에 가라앉으면서 그만큼 거리가 떨어진 거였다. 그 다이빙에서 접한 어둠이 얼마나 깊이 뇌리에 새겨졌는지, 뭍에 있다가도 그때만 떠올리면 진저리가 쳐졌다.

 하지만 이젠 그런 기억조차도 그리움으로 다가온다. 살림을 해주던 시어머니가 돌아가시면서 다이빙 장비들은 옥상방으로 올라갔다. 다시 꺼낼 수 있으리라는 기대 같은 건 아예 접어 두었다.

 주저없이 물에 뛰어들곤 했던 그동안의 용기는 가족들의 전적인 배려 덕분이었다는 걸 그제서야 실감했다. 이제는 당연히 내가 맡아야 할 몫을 위해 원래의 자리로 돌아와야 했다.

 '청상아리가 나왔다는 바다에까지 뛰어들 만큼 강했던 색다른 체험에의 갈구. 집 걱정에, 하루 이틀의 뭍 여행도 망설여지는 지금의 내게서 그건 이미 사라진 지 이미 오래다.'

 봄부터 그렇게 맥빠진 감정들이 퇴적물처럼 자꾸만 쌓이더니, 여름 들면서 우울로 자리잡기 시작했다. 도비도에 다다르자마자 가라앉은 바닷가 길에 끌린 건 그래서였을까.

다음날은 낯선 곳에 가면 항상 그렇듯이 일찍 눈이 떠졌다. 새벽 안개가 걷히기 전에 길을 다시 걸어 보고 싶었다. 비가 그친 길 너머의 바다 위로 벌써 엷은 주홍빛이 퍼져 나가고 있다.

어제 걸었던 길의 끝까지 갔다가 되돌아섰다. 이번에 바람에 일렁이는 초록빛 풀들 사이로 하얀 꽃무더기가 눈에 들어온다. 키가 일 미터쯤 되는 뚜깔이다. 여름부터 가을까지 산과 들의 양지쪽에서 노란 꽃을 피우는 마타리과에 속하는 꽃이다.

꽃차례가 독특해서, 아래 달리는 꽃자루는 길고 위쪽으로 갈수록 점점 짧아져 그 끝에 달린 자잘한 꽃송이들이 일직선을 이루며 피어난다. 무리지어 핀 모습이 하얀 역삼각형의 반복 같다.

그 꽃의 모습에서 뜻밖에도 물 속에서 품어내던 공기 방울을 연상한다. 숨을 쉴 때마다 호흡기를 통해 나오는 그 방울들은 수면을 향할수록 점점 커지며 하얀 꽃무더기처럼 되곤 했다.

다이빙을 향한 내 그리움이 그 모양을 닮은 뚜깔꽃으로 이 바닷가 길에 피어났구나 싶어 가슴이 뭉클하다. 굳어버린 돌꽃이 아닌, 생명력 있는 뚜깔꽃으로 화했으니 그나마 다행이구나. 생각이 거기에 미치자 마음이 확 바뀐다.

색다른 체험에의 갈망으로 바닷속을 유영하던 그때에는 못 미치지만, 일상의 바닷속을 오가며 또 다른 경지에 이르는 유영游泳을 하

고 있는 게 오늘의 내가 아닐까.

  하고 싶은 대로 움직일 때의 왕성한 기운 대신, 여러 가지를 감안하는 사려 깊음에서 나오는 절제 쪽으로 기울어가는 마음의 행로가 훨씬 다행스럽게 받아들여지는 산책이었다.

등나무꽃 노인

　　　　　　　　　성당 뜨락엔 나지막한 등나무 파고라가 있었다. 햇빛이 눈부신 계절이면 무성해진 등나무 이파리가 손짓을 하곤 했다. 성당은 버스 정류장 바로 앞에 있었다. 그래서 퇴근길에 들르기가 좋았다.

　주일이 아닌 때의 성당은 한적했다. 등나무 파고라에도 별로 사람이 없었다. 그 그늘 밑에 놓인 벤치에 앉아 있노라면, 번잡한 마음 구석구석에 앉은 먼지가 닦여지는 기분이었다.

　게다가 벤치 둘레에 개나리가 심어져 있어서 더욱 좋았다. 개나리는 곧게 자라도록 일일이 끈에 묶여 있었기 때문에 울타리 역할을 해주었다. 등나무와 개나리의 굵고 가는 가지들을 받침대에 수도 없이 묶어 놓은 건 누굴까.

　그러던 어느 날 다른 때보다 좀 이르게 등나무의 그늘 밑으로 들어서다 보니 머리가 하얗게 센 자그마한 노인이 있었다. 노인은 풀어진 매듭을 다시 묶어 주기도 하며, 열심히 등나무와 개나리를 다듬고 있었다. 내가 고마워했던 손길의 주인이 바로 저 노인이었구나.

그때 꼬마들이 쪼르르 등나무 그늘 밑으로 들어왔다. 들어와서는 노인에게로 가서 신부님 신부님 하고 매달렸다. 그러자 노인은 일손을 멈추고 바지 주머니에서 사탕 봉지를 꺼냈다. 꼬마들은 좋아라 하며 사탕을 하나씩 받아 물고는 이내 밖으로 나가 버렸다.

그 모습을 한 켠에서 물끄러미 바라보던 내 눈은 자연히 커질 수밖에 없었다. 허름한 옷차림의 그 노인이 성당의 신부이리라고는 정말 꿈에도 생각지 않아서였다.

조금 있더니 신부라는 그 노인은 신발을 벗고 벤치에 올라섰다. 올라서서는 옆으로 뻗어 나간 등나무 줄기 사이로 손을 넣어 조심스레 무엇인가 꺼내기 시작했다. 그것은 연보랏빛 작은 꽃봉오리가 다닥다닥 붙은, 아직은 피어나지 않은 등나무의 꽃송이들이었다.

노인이 하나 둘씩 꺼낼 때마다 꽃송이들은 늘어갔다. 처음부터 늘어져 있던 것과 합쳐져서 주렁주렁 매달려가는 거였다. 그냥 남아 있는 것이 하나라도 있을세라, 줄기와 이파리 사이를 들여다보고 또 들여다보는 노인의 눈길에는 애정이 듬뿍 담겨 있었다.

어쩌면 그 꽃송이 하나하나가 노인 신부에게는 자식처럼 여겨지는지도 모른다는 생각이 들었다. 그런 내 마음을 읽기라도 하듯 노인은 잠시 눈을 돌리며 잔잔하게 한마디 했다.

"처음부터 제대로 자리를 잡은 것은 그냥 내버려 두어도 탐스럽게 피어난다오. 하지만 받침대나 줄기에 눌린 것은 피지도 못하고 그냥 시들어 버릴 게 아니오."

그 말은 언젠가 들은 적이 있는 이야기를 떠올리게 했다. 신부들이 결혼을 하지 않고 끝까지 외로운 생활을 하는 건 외로운 이들에게 진정으로 위안이 되기 위해서라는 것.

눌려 있는 꽃송이들을 일일이 꺼내서 마음껏 피어날 수 있도록 애쓰고 있는 저 손길이야말로 외로운 이의 영혼을 위해 바쳐져 온 노인 신부의 삶의 의미와 통하는 게 아닐까.

그후론 거의 매일 저녁 등나무 파고라에 들르다시피 했다. 그곳은 이제 하루가 다르게 등나무꽃의 진한 향기 속에 파묻혀 가고 있었다. 피어난 꽃송이를 대견스러운 듯이 바라보고 있는 노인 신부와는 몇 번 마주쳐서 눈인사를 했다.

그런데 하루는 다른 날보다 좀 늦게 그곳에 들러 보니, 그 많던 등나무의 꽃송이가 눈에 띄게 줄어 있었다. 한꺼번에 져버렸을 리도 없고, 꼬마들이 딴 흔적도 없는데 퍽 의아했다.

어찌 된 일일까 생각하고 있는데, 노인 신부가 뒷짐을 지고 들어섰다. 검은 수단 차림인 것으로 보아 저녁 미사 시간이 가까운 듯 했다. 지금까지와는 다른 느낌을 주는 그 모습에 잠시 멈칫해졌다. 그러다가 성글어진 등나무의 꽃송이를 손가락으로 가리켰다.

"누가 많이 따갔나 봐요."

그러나 온화한 웃음이 깃든 노인 신부의 표정은 그대로였다.

"꼭 써야할 데가 있어서, 내가 땄다오."

그러더니 더욱 의아해하는 내 얼굴을 바라보며 말을 이었다. 성당 신자 중에 어려서 앉은뱅이가 된 청년이 있었다고 했다. 학교도 제대로 다니지 못한 채 집에만 버려져 있었다. 그 청년을 노인 신부가 가끔 돌보아 왔는데, 다른 병이 겹쳐서 죽고 말았다.

한데 그 청년이 마지막으로 남기고 간 일기장에는, 어느 누구를 향한 원망의 말은 한 마디도 없이 남은 사람들을 위한 축복만이 가

득했다고 했다. 신부님도 믿기지가 않았다고 했다.

"오늘, 그 장례 미사가 있었오. 등나무꽃은 그래서 딴 거요. 탐스러운 것들로만 골라서 관 위에 뿌려 주었다오."

듣고 있던 나는 그만 코끝이 찡해 오는 것을 느끼며 고개를 수그릴 수밖에 없었다. 그렇게 정성들여 피워 놓았던 꽃송이를 아낌없이 따서는, 소중한 일을 위해 쓰고서 저리도 흐뭇해 하는 저 노인 신부의 영혼의 깊이는 어느 만큼일까.

"어쩌면 그 청년의 영혼의 향기가 저 등나무꽃의 향기보다 더 그윽할지도 모르오. 고통 속에서도 마음을 더럽히지 않는 것이야말로 참으로 진한 삶의 향기일 테니 말이오."

노인 신부는 어느새 돌아서서 수단 자락을 펄럭이며 등나무 파고라를 나가고 있었다. 그 수단 자락에서도 등나무꽃의 향기가 풍겨 나오는 듯했다. 불현듯 이듬해 등나무꽃이 필 무렵 그분께 영세를 받고 싶다는 마음이 생겨나고 있었다.

금계국과 석등

그분의 묘소에 가서야 얼마 전 내 꿈의 의미를 알았다. 까만 비석 앞에 피어 있는 한 무더기의 진노랑 금계국을 통해서였다.

꿈에선 여러 명의 여자들과 어둑어둑한 산길을 오르고 있었다. 다들 입을 다물고 있어서 어둠이 더 빨리 내리는 듯했다. 한참을 오르자 나무들 사이로 산사의 처마가 언뜻언뜻 눈에 들어오기 시작했다.

그러더니 앞이 트이면서 저만치 불이 밝혀진 석등石燈이 나타났다. 석등은 산사의 뜨락을 비추고 있었다. 석등이 눈에 띄는 순간, 여자들의 걸음걸이가 빨라졌다. 앞서 걷던 나도 마찬가지였다.

'저것 때문에 산길을 오른 거였구나.'

그 생각이 머리를 스침과 동시에 온 힘을 다해 뛰기 시작했다. 다행히 석등에 제일 먼저 손이 닿았다. 오른팔로 잽싸게 길쭉한 몸통을 잡아당겨 품에 안아 버렸다.

등 뒤에서 '놓쳤구나' 하는 탄식들이 터져 나왔다. 뒤늦게나마 석등을 차지하려는 손들이 내 어깨 너머로, 가슴께로 덮쳐 왔다.

그걸 뿌리치며 석등을 더욱 힘주어 끌어안고 나서야 그 안에 촛불이 켜져 있다는 걸 알았다. 그런데도 전혀 뜨겁지 않은 게 이상하게 느껴졌다. 위에 얹은 돌뚜껑과 기둥 사이의 몸통이 그리 쉽게 빠진 것도 신기했다.

평소에 뭔가를 가지기 위해 악착스럽게 군 적이 없는데, 꿈 속에서 석등을 그렇게 차지했다는 건 의아한 일이었다. 불 켜진 석등이 얼마나 탐났으면 그렇게까지 했나 하는 생각도 들었다.

모양이 떠오르는 석등이라면 부석사 무량수전 앞 뜨락에서 본 것이 전부인데. 일주문에서 천왕문과 범종루와 음향각과 안양루를 거쳐 무량수전에 이르는 길이 줄곧 오르막길이었으니, 그 기억이 꿈에서의 산길로 나타난 것일까.

석등은 어두운 금당의 뜰을 환하게 비침과 동시에 불상과 탑과 더불어 조형물로서의 역할도 한다. 또한 정신의 불을 밝혀 어리석음을 몰아내고 깨달음에 이르게 한다는 의미도 담겨 있다.

부석사에 다녀올 무렵부터 벌써 이 년째, 글이 써지지 않아 바작바작 마르는 가슴이었다. 아이들 가르치는 일을 접고 나서는, 이제 글쓰기밖에 남지 않았다는 조바심까지 겹쳐 감정의 연못이 거의 바닥을 드러내기 직전이었다.

'거기서 벗어나고자 하는 마음이 불 켜진 석등을 끌어안는 꿈을 꾸게 했다면, 그건 분명 좋은 예감이리라.'

마석에 있는 모란미술관에서 열리는 조각 전시회의 초대장을 받은 건, 그로부터 한 달쯤 지난 뒤였다. 그걸 받고 제일 먼저 떠올린 게 그분이 누워 계시는 미술관 옆의 모란공원이었다.

전시회에 가는 길에 그분의 묘소에 먼저 들를 양으로 흰장미를 한 다발 샀다. 칠팔 년 만에 찾아가는 길이라 관리하는 사람들에게 몇 번이나 물어서야 그분 앞에 섰다.

단촐한 비석에서 '약전藥田'이라는 그분의 호를 확인하는 순간 눈물이 어려 왔다. 그런 내 눈앞을 환하게 하는 건 장명등長明燈의 불빛이 아니라, 비석 옆에 핀 금계국 한 무더기였다.

북아메리카 남부가 원산지로 마치 노랑 코스모스처럼 보이는 그 꽃은 꽃잎의 노란빛이 얼마나 진한지, 초여름 오후의 내리쬐는 햇살 속에서도 등불을 연상시키고 남았다.

장명등은 능묘 앞에 세우는 석등을 이르는 것으로 죽은 이의 명복을 비는 의미가 담겨 있다. 조선 시대 분묘의 장명등은 돌아간 이의 신분을 나타내 주는 것으로서 일품一品 이상의 지위에 있었던 사람에게만 세울 수 있었다고 들었다.

대학 강단에 선 것만 사십 년이 넘는 원로 사학자였던 그분이야말

로―신사참배 거부로 해임되기도 하고, 바른 소리를 하는 교수로 지목되어 고초를 겪으면서도 양심의 소리를 멈추지 않았던 지식인이었으니―정신의 품계로라면 일품이 되고도 남았으련만.

 벼슬을 한 사람에게만 세운다는 갓을 씌운 비석은 두고라도, 노랗게 핀 금계국 한 무리가 그러한 장명등을 대신하고 있는 거였다.

 "살아계실 때도 대쪽 같은 성정이시더니, 돌아가신 뒤 역시 허세로 보일 만한 것은 허락을 아니 하시는구나."

 대학교 삼학년 때 '서양사상사' 강의를 들은 뒤로 그분은 내 삶의 이정표 역할을 해주셨다. 대학을 졸업하고 중학교 교사가 되겠다고 했을 땐 몹시 아쉬워하셨다. 그래도 학자가 될 성향이 있다 했더니, 공부가 하기싫구나 하며 역정을 내기까지 하셨다.

 그때 난 학문 대신 좋은 글을 쓰는 데 전념하겠다고 자신있게 다짐을 드렸었다. 그게 벌써 이십여 년 전이고 그분이 가신 지도 십오 년인데, 과연 그 약속을 지켰나 하는 자책감이 인다.

 지금 내게 '그래, 얼마나 좋은 글을 많이 썼나?' 하고 물으신다면 무어라 대답드릴 수 있을지. 그저 고개나 수그릴 수밖에 없겠구나 하는 속에서 문득 생경한 생각이 스쳐 간다.

 나로 하여금 산사의 불 켜진 석등을 가지게 한 건 생사의 경계를 잠시 넘어온 그분의 안쓰러운 손길이 아니었을까. 살아계실 때도 부족한 나를 아끼셨으니, 꿈에서나마 그 석등을 차지하게 함으로써 어둠이 깔린 내 마음의 뜨락을 밝히려 하셨는지 모른다.

"그렇게 맥빠져 있지만 말고, 정신의 일품에 도달할 생각을 품어라. 그래야 훗날 외양뿐인 장명등 대신, 꽃수필 내내 써온 사람답게 저 노란 꽃으로 안식처를 밝힐 수 있지 않겠나."

내 발걸음이 아직은 이승에 머물러 있으니, 그 북돋움의 말씀이 능묘의 장명등이 아닌 산사의 석등으로 안겨온 것이었나 보다.

불두화 마른 송이

　그 산사에서 불두화의 마른 송이를 본 건 아직도 긴가민가하다. 적어온 게 없다면 보고 온 지 몇 달이 지난 지금쯤은 잘못 보았거니 했을 게다.
　'마음을 연다는 개심사開心寺 뜰에서 종이꽃 같은 불두화를 본다. 늦봄에 피었을 꽃이 어떻게 한여름 빗줄기와 가을 바람과 겨울 눈발에도 떨어지지 않고, 만들어 붙인 꽃송이기라도 한 양 고스란히 매달려 있는 걸까.'
　봄이 시작되는 달의 첫날이기는 했지만 찬 기운은 아직 가시지 않은 채였다. 목을 움츠리며 절 입구에서 구불구불 이어진 돌계단을 따라 오르려니 이년 전 생각이 났다. 아이들을 데리고 들렀던 그때는 머리수를 헤아리느라 필요한 걸 돌아볼 겨를이 없었다.
　이번에는 이리저리 휘어진 길을 홀가분한 마음으로 문우들과 함께 오른다. 돌계단을 지나 흙길을 좀더 걸으니 긴 사각형의 연못이

나온다. 물이 얕게 고여 있는데도 연못 가운데 걸쳐진 통나무 다리를 건너는 발걸음이 멈칫멈칫한다.

연못 건너편에 서있는 큼지막한 배롱나무의 홍갈색 줄기는 군데군데 벗겨져서 난 얼룩으로, 천 년이 넘었다는 산사의 세월을 조용히 말해주고 있는 듯하다.

안양루 옆의 해탈문을 지나 대웅보전으로 들어가 부처님께 세 번 절하고 나왔다. 비록 불자는 아니지만, 절집에 왔으니 어른께 인사를 여쭙는 게 도리라는 생각에서다.

휘어진 목재를 다듬지 않고 그대로 기둥으로 쓴 심검당과 요사채와 사철 푸른 맥문동 이파리가 깔린 뒤뜰을 돌아보고, 다시 심검당 아래 화단에 이르렀을 때였다. 마른 가지에 미색의 마른 꽃송이를 달고 있는 불두화가 눈에 띄었다.

'지난 해 오월 중순쯤 피었었다면, 이듬해 삼월인 지금은 지고 난 자리마저 안 남았을 텐데. 여태까지 그것도 세 송이씩이나 매달려 있다는 게 정말 신기하네.'

자잘한 꽃들이 다닥다닥 붙어서 피어나 동그란 공 모양을 이루는 꽃송이가 그 모양새조차 흐트러뜨리지 않은 채, 산사의 눈비와 바람 속에서 그대로 말랐다는 게 도무지 믿어지지 않았다.

불두화佛頭花는 부처의 머리를 닮았다 해서 붙여진 이름이다. 흰 꽃이 탐스럽게 모여 핀 모습이 동글동글하게 말린 부처의 곱슬머리를 연상시킨다. 하지만 원래의 이름이 수국백당인 이 꽃나무가 절에 많이 심어진 이유는 다른 데도 있는 듯하다.

꽃은 결실을 맺기 위해 피는 것인데 이 꽃에는 수술과 암술이 없이 하얀 꽃잎만 있다. 황록색으로 피기 시작한 꽃이 만개하면 하얗게 변해 뭉개구름처럼 보이는데, 안타깝게도 열매를 맺지 못하고 져

버리는 무성화無性花다.

백당나무는 꽃잎이 자잘한 유성화가 가운데 모여 있고, 그 둘레에 다섯 개의 꽃잎을 지닌 납작한 무성화가 함께 피었다가 구월이면 빨

간 열매를 단다. 그 나무에서 유성화는 없어지고 무성화만 남은 품종이 바로 수국백당이다.

가장 끊기 힘들어 사위어가는 불꽃만으로도 마음을 소진시킬 수 있는 게 남녀의 인연이라면, 그런 불두화를 절의 뜰에 심어 경계를 삼으려 한 이유는 헤아려지고 남는다.

그것을 이미 알고 있던 내게 주지스님의 거처 아래 화단에서 발견한 불두화가 새삼스러울 건 없었다. 다만 바삭거리도록 자기를 말려 버린 그 꽃송이의 모양새가 하나의 화두가 되어 다가올 뿐.

석 달 전 문우들과 함께 밤 기차를 타고 순천 대대포 갈대밭에 갔을 때다. 동이 트는 새벽 기운에 마른 머리카락을 털며 일어나는 무수한 갈대들 사이에서, 나는 가벼움에 대한 희구 외에는 아무 것도 느낄 겨를이 없었다.

밤새 부은 발에 신겨져 있는 구두가 너무 무거웠던 탓이다. 생김새도 투박한데다 깔창까지 두터워 내 삶의 무게가 온통 거기 실려 있는 듯한 그 구두를 벗어버리지도 못하고 줄창 끌고 다니느라, 여정을 마칠 즈음엔 지칠 대로 지쳐 버렸다.

일행과 헤어져 집 가까운 골목 어귀에 이르렀을 때 헌 물건 수거함이 눈에 띄었다. 잠깐 망설이다가 미련없이 신을 벗어 집어넣고는 양말 발로 걸었다 대문까지의 거리가 그리 긴 것은 아니었지만, 그 가벼움은 이루 말할 수 없었다.

그 날 이후로 가벼워진다는 것에 수시로 생각이 머물곤 했다. 굳이 성불하고자 하는 뜻을 품지는 않는다 해도, 나이 들어가면서 어느 한쪽에 기울어지지 않는 평상심은 지녀야 하지 않을까.

평상심이라는 게 어찌 보면, 그 어느 것에도 붙들려 있지 않은 홀가분한 마음이나 뭔가를 취하려 하지 않는 데서 오는 늘상 비워진 가벼운 마음을 뜻하는 것인지도 모른다.

암술과 수술을 두지 않아 아예 결실을 기대하지 않는 무성의 꽃 마음이 성냥 한 개비 그어대면 호르르 타버릴 만치 얇은 꽃송이로 말랐다면, 이승을 등져야 하는 어스름 저녁에도 인연의 신발이 무거워 못 벗고 떠나는 일은 결코 없을 게다.

한 번 쓰고 태워 버리는 꽃상여에는 하얀 종이꽃을 만들어 단다고 한다. 원대로라면 그 산사의 마른 불두화 세 송이를 꽃잎 안 부서지게 따두었다가 내 상여의 꽃으로 삼고 싶다. 물론 그 때까지의 내 비움이 나를 그 꽃만큼 가볍게 할 수 있다는 전제하에서다.

백목련 편지

입춘이 지난 지도 벌써 사흘이다. 세 발자국만큼은 봄의 문턱에 들어섰어야 할 텐데 날씨는 여전히 맵기만 하다. 달력에는 분명히 약속이 되어 있으면서도 봄은 언제나 이렇게 연기가 되곤 하는 모양이다.

겨우내 웅숭그려온 어깨를 이제는 좀 폈으면 싶다. 그럴수록 봄의 걸음걸이는 더디게만 느껴진다. 안타까운 기다림 속에서 문득 한 가닥 위안을 떠올려 본다.

이 지루한 겨울이 새 봄의 어머니일지 모른다는 것. 찬 바람과 눈보라는 봄을 낳기 위한 진통이라고나 할까. 겨울이 그렇게 봄을 낳으면, 봄은 또 머지않아 봄의 딸을 낳을 것이다.

그리고 보니 가슴 속에서는 어느덧 또 하나의 바람이 싹트고 있다. 이른 봄이 지나가고, 어서 사월이 와 주었으면.

사월은 내가 태어난 달이다. 아직은 좀 시린 바람 속에서 하얀 목련이 피는 달이기도 하다. 언제부턴가 깨끗하고 탐스럽게 피어나는 그 꽃을 좋아하게 됐다. 사월에 태어난 내가 사월에 피는 목련을 좋아하는 것도 우연만은 아닐지 몰랐다. 목련을 좋아하게 된 건 우아한 자태 때문만은 아니었다. 추위를 이기고 먼저 피어나는 의지 때문만도 아니었다.

마른 나뭇가지에서 무수히 솟아난 꽃망울들을 처음 보았을 땐 너무 크고 선이 뚜렷해서 오히려 두렵다는 느낌을 받았었다. 겹쳐졌던 꽃잎이 소담스럽게 벌어지고 난 뒤의 모습에서는 아예 상여에 다는 하얀 종이꽃을 연상했을 정도였다.

게다가 오래갈 듯한 첫 인상과는 달리 얼마 못 가서 꽃은 한 송이 두 송이 이울기 시작했다. 가벼운 바람이 일 때마다 빛바랜 꽃잎이 풀썩풀썩 주저 앉았다. 세차지도 않은 늦봄비에는 성한 꽃잎마저 제 힘에 겨워 고개를 떨구고 마는 거였다.

아쉬운 마음으로 젖은 꽃잎을 주워 들다가 영혼의 마을에서 온 편지일지 모른다는 생각이 들었다. 정녕 신비한 그 마을의 이야기를 하얀 꽃잎에 도란도란 물들이며 피어난 것인지도 알 수 없었다.

이미 곁을 떠나버린 사랑하는 사람들이 내게 적어보낸 영혼의 편지는 혹시 아닐까. 눈물이 나도록 그리운 사연들을 안고 겨우내 이 봄을 향해 달려 왔는지도 모를 일이었다.

하지만 영혼의 말을 모르는 나는 그것을 읽을 수도 한 줄의 답장을 쓸 수도 없었다. 안타까운 마음으로 꽃잎을 주워들며 늦봄이 하루하루 저물어가는 걸 지켜볼 뿐이었다.

그러던 어느날 마른 나뭇가지에 앉아 있던 숱한 목련 송이가 다 떨어지고 난 뒤였다. 꽃잎이 흩어진 가지 끝에서는 의외로 푸른 잎새가 하나 둘 돋아나기 시작했다.

이파리가 없는 꽃나무려니 했는데 신기한 사실처럼 받아들여졌다. 이파리가 무성해진 뒤에 그 초록빛의 보호를 받으며 다소곳이 피는 것이 꽃의 순리이련만. 꽃이 피었던 자리에 잎을 달자면 그 또한 남다른 고통이 뒤따르는 일이련만.

순리를 어기는 목련은 무슨 독특한 생리라도 지녔기에 그렇게 피어날 수밖에 없는 것일까. 그러면서도 굳이 그렇게 살아가기를 고집하는 어쩌면 필연적일지 모를 생명의 원리가 마음에 들었다.

누구보다 개성이 강한 얼굴을 만난 듯 짐짓 반갑기까지 했다. 야단스럽지 않으면서도 자기 나름대로의 세계를 간직하고 살아가는 그 자세는 오래 전부터 내가 갈구해온 것이었기에.

가슴 속에 한 그루의 목련을 심고 정성들여 가꾸면서 진정한 개성의 의미를 배워야겠다는 욕구가 솟은 건 그래서였다. 그러다 보면 언젠가는 맑은 수액 속에 녹아 있는 그 필연의 생리가 내 혈관에도 자연스레 흐르게 될테니.

그때는 하얀 목련을 닮아 생명을 조각하는 마음으로 글을 쓸 수 있을 것 같았다. 누군가의 가슴에 새겨질 수 있는 글을 쓰기 위해서는 내 생명부터 먼저 아름답게 가꾸어야 할 테니 말이었다.

아직은 매운 바람이 가시지 않았지만, 탐스럽게 피어날 하얀 목련을 생각하는 동안 가슴엔 벌써 사월이 와 있었다.

오랑캐꽃 아이

내 반 아이들의 국어 시간이었다. 책을 읽히고 나서 간단한 줄거리를 시험지에 써보라고 했다. 그동안 나는 노트에 해 온 숙제를 검사했다.

아이들 사이를 돌아다니며 보니 한 아이가 앉아만 있었다. 아예 펜을 들려고조차 하지 않는 것 같았다. 왜 그러고 있느냐고 물었더니만 잠자코 고개를 숙였다.

얼른 하라고 말을 하며 돌아서는데, 갑자기 흐느끼는 소리가 났다. 그 아이의 수그러진 얼굴에서 눈물이 후두둑 떨어지고 있었다. 그러면서 노트의 맨 뒤를 펴서는 손가락으로 연신 문질렀다. 거기에는 흐트러진 글씨가 쓰여 있었다.

"교생 선생님이 오늘이면 간다. 안 울려고 했는데 자꾸 눈물이 난다. 내가 좋아하는 마음을 알지도 못하고, 선생님은 그냥 갈 거다.

선생님이 준 지우개는 쓰지 않고 오래 간직하겠다."

그걸 읽는 순간 눈물이 핑 돌았다. 보통 때는 있는지 없는지조차도 모를 정도로 조용한 아이였기에, 그 마음이 더욱 아프게 와 닿았다. 혼자서 얼마나 애를 태웠으면, 글로 써놓고 그것도 모자라 눈물까지 떨구게 되었을까.

담임을 한 지 몇 달쨴 데, 그 아이의 목소리를 들은 적이 거의 없었다. 무언가 물어도 그저 고개만 끄덕이고 젓고 할 뿐이어서 답답할 때가 한두 번이 아니었다.

한 달 전에 나왔던 남자 교생에게도 마찬가지였다고 했다. 옷소매를 붙들고 늘어질 정도로 따르는 아이들이 많았지만, 그 아이는 한 번도 가까이 온 적이 없다고 했다. 그런 아이가 마음으로는 누구보다 교생 선생님을 좋아하고 있었던 거였다.

국어 시간이 끝난 후, 아직 학교를 떠나지 않고 있는 교생에게 그 아이를 서둘러 데려다 주었다. 그리고는 숨어있던 그 아이의 마음을 내 말로 대신해서 전달해 주었다.

잠자코 듣고 있던 교생의 눈에도 눈물이 핑 돌았다. 서로 편지 하자는 약속을 받고 또 받고 난 뒤에야 아이의 표정이 더할 수 없이 환해졌다. 그 얼굴에서 언뜻 오랑캐꽃이 연상됐다.

이른 봄 뜨락의 한구석에 숨어서 피어 있다가, 어느날 눈에 띄어 말할 수 없는 반가움을 안겨주는 보랏빛 그 작은 꽃을 말이다.

자기 감정을 지나치리만치 잘 나타내는 요즘 아이들 틈에서, 그렇게 안으로만 마음을 피워놓고 언젠가 눈에 띄기를 기다리고 있던 그 아이가 자꾸만 나보다 크게 느껴지는 거였다.

제비붓꽃 여인

조그마한 내 화장대 위에는 붓글씨로 씌어진 '靜'자가 걸려 있다. 학교에 같이 근무하는 나이 지긋하신 선생님이 결혼 선물로 써준 것이다.

바쁠 때의 내 눈은 기껏해야 화장대 거울에 머물게 마련이지만, 가끔씩 여유가 생기면 마름모꼴 유리 안에 들어 있는 그 글자를 바라보곤 한다.

'靜'자는 고요하다는 뜻을 가진 내 이름의 가운데 글자다. 맏딸이 고요한 품성을 지닌 재주 있는 여자로 크기를 바라는 마음에서 아버지와 어머니께서 직접 지어주신 이름이다.

그 글자를 선물로 준 분 역시, 내가 고요한 얼굴의 아내가 되어 행복한 결혼 생활을 해주기를 바라는 마음에서였을 게다.

하지만 나는 그 글자의 뜻과는 거리가 멀게 목소리도 크고 어디서나 잘 울고, 성질 또한 급한 편이었다. 그런 나를 보며 이름 자의 뜻을 들어 걱정하시는 부모님 앞에서는 수시로 민망해지곤 했다.

고요하지 못한 것은 비단 겉으로 드러나는 것뿐만이 아니라 내면도 마찬가지였다. 어려서부터 글 쓰는 걸 좋아한 게 또 한 가지 이유가 되어서, 사는 게 기쁜 듯이 여겨지다가도 금방 서글퍼지곤 하는 잠재우기 힘든 바람이 늘 계속되곤 했다.

오죽하면 그런 내 정신 세계에 끌려 결혼을 했다는 남편까지도 두 손을 들고 말았을까. 당신의 머릿속에서 부는 바람은 도무지 종잡을 수가 없다고 고개를 저으면서 말이다.

그러기에, '靜'자를 바라보는 내 마음이 결코 편안할 리 없었다. 천성적으로 그렇지 못한 걸 억지로 다소곳해지려고 애를 쓸 수도 없고 그런다고 될 일도 아니어서, 마음의 바람이나 가라앉혀야겠다는 생각을 수시로 해보곤 할 뿐이었다.

낮에는 들리지 않던 시계 소리가 밤이면 잘들리는 것처럼, 내면의 작은 소리까지 들려 오도록 있는 힘껏 마음을 비워 보리라고 거듭 되뇌이면서 말이다. 그런 다짐을 하고 있었기에, 그날 그 제비 붓꽃의 모습이 더욱 가슴을 파고 들었던 걸까.

여름이 오고 있던 어느날 새벽, 남편을 따라 집에서 가까운 산에 오르고 있을 때였다. 길 옆의 무성한 풀섶에서 보랏빛으로 막 피어나고 있는 꽃들이 여기저기 눈에 띄었다.

반가운 생각이 들어 다가가 보니, 언젠가도 그 산에서 본 적이 있

는 제비 붓꽃이었다. 노란 빛 무늬가 있는 세 장의 보랏빛 꽃잎 위에, 모두 보랏빛으로만 된 여섯 장의 꽃잎이 겹쳐져 있는 모습은 여느 붓꽃보다 훨씬 정갈한 느낌을 주었다.

날카로움마저 느끼게 하는 곧은 꽃대와 긴 아파리들은 그 정갈함을 더해주고 남았다. 마치 보랏빛 치맛자락을 단정하게 한 손으로 올려 잡은 여인의 자태를 보는 것 같았다. 그건 단순한 외적 아름다움이 아니라 내면의 그윽함이 느껴지는 아름다움이기도 했다.

손으로는 잘 꺾어지지 않는 걸 애써 몇 송이가 꺾어 가지고 돌아

왔던 건 그러한 면들에 반해서였을까. 마침 호리병 모양의 꽃병이 있기에 줄기 끝을 다듬어서 꽂아놓고 보니, 산에서보다 더 강하게 단아한 여인의 모습으로 다가오는 거였다.

봉오리였던 것까지 하나도 남김없이 다 피었다가는, 지는 모양새 또한 어쩌면 그렇게 흐트러짐이 없는지. 시든 뒤에도 차마 버리기가 아까워서 그대로 얼마를 꽂아둔 채 바라보며 지냈다.

그러는 동안 비로소 '고요할 靜'자에 숨어있는 또 다른 의미를 깨달을 수 있었다. 내적인 고요함이란 옷이나 바꿔입는다고 해서 하루 아침에 단아해질 수 없는 여인의 매무새와도 같은 것이기에, 그것을 얻기 위해서는 우선 마음을 다스릴 줄 아는 의지부터 지녀야 하는 게 아닐지.

고요한 아름다움을 지녔던 옛 여인들이 가슴에 품은 은장도로 자기를 다스리며 살았듯이, 제비 붓꽃은 나로 하여금 '靜'자에 어울리는 여인이 되고 싶다는 소망을 가장 깊이 품게 한 꽃이었다.

코스모스 영혼

길가에 줄지어 핀 코스모스는 너무 빨리 멀어져가곤 해서 아쉬움을 안겨 주었다. 달리는 차안에서 한참동안 그것을 바라보고 있던 아이가 입을 열었다.

"엄마, 코스모스는 왜 저렇게 서 있기만 하지? 나는 자꾸 가는데."

대답해 줄 말이 얼른 떠오르지를 않아서 네가 곰곰이 생각해 보라고 했더니만, 발이 없어서 그런가 보다고 대꾸를 하고 나서는 조금 있다가 또 말을 이었다.

"날더러 잘 가라고 계속 계속 손을 흔들어 주는 것 같다. 나도 손 흔들어 주어야지."

그제서야 아이가 퍽 소중한 이야기를 하고 있다는 생각이 들었다.

"그래, 우린 지나가는 삶의 순간들을 향해 늘상 그렇게 손 흔들어 주며 살아가는 거란다."

말을 해놓고 나니, 다섯 살짜리 아이에게는 도무지 어울리지 않는 내용이라 미안했다. 그런데도 아이는 무언가 알아 들었다는 표정을 지으며 고개를 끄덕이는 거였다.

그 뒤 멀어져가는 코스모스를 향해 아이는 계속해서 손을 흔들고, 나는 지나간 시간 속의 또 다른 코스모스를 생각해냈다.

얼마 전 사흘 간의 병가를 내고 친정어머니에게 내려간 적이 있었다. 몸이 몹시 지친 상태여서 쉬고 쉽기도 했지만, 그보다는 한시도 여유를 갖지 못하고 왜 늘 쫓기듯이 하루하루를 이어가야 하는 것일까 하는 마음의 피곤이 더 컸다.

그건 평소 완벽하다는 말을 듣는 내 자신으로부터 며칠만이라도 벗어 나고 싶다는 몸짓인지 몰랐다. 생활의 끈을 탁 끊어버리고, 그냥 멈추어 서서 그 사흘 동안만이라도 모든 걸 잊고 싶었다.

친정어머니에게로 내려간 건 그곳이 내가 찾을 수 있는 가장 조용한 장소였기 때문이다. 식구들이 흩어져서 생활하기에 좁지 않은 집에 할머니와 어머니 두 분만이 계셨다.

전화도 없이 불쑥 들어서자 어찌나 놀라시는지 내가 좀 지나쳤다는 생각이 들었다. 하지만 내게 그런 일면이 있다는 걸 예전부터 아시는 어머니는 별로 나무라지 않으셨다. 오히려 얼굴이 많이 상했다며, 아무 것도 생각지 말고 푹 쉬었다 가라고 하셨다.

그때부터 아무 할 일이 없는 사람처럼 밤낮으로 잠 속에 빠져 있었다. 그 사이 어머니는 가물치라는 민물고기를 구해다가 대추를 넣고 다려서 약을 만들어 주셨다.

죄송한 마음까지 우선은 다 덮어 두고 한 이틀을 그렇게 실컷 자고 나니, 몸 구석구석에 쌓여 있던 피곤이 말끔히 씻겨나간 기분이었다. 머리도 물론 맑아졌다.

오랜만에 가벼운 마음으로 기도가 하고 싶어서, 예전에 내가 쓰던 작은 방에 들어가 촛불을 켰다. 얼마 동안 말없이 타오르는 불꽃을 바라보고 있자니, 코끝이 찡해지면서 저절로 눈물이 고여 왔다.

"삶의 순간들은 시간 속에서 자꾸만 멀어져 가기 마련인데, 나는 왜 그것들을 향해 미련없이 손 흔들지 못하고 안간힘을 쓰며 거머쥐려고만 해왔을까. 그것이 내 생활을 이렇게 지독한 피곤 속으로 몰아온 것은 아닐까."

차분한 마음으로 돌아본 그동안의 생활들은 성실이라기보다는 오히려 어거지로, 삶의 어느 한 부분도 놓치지 않고 모든 것을 다 잡겠다는 쪽의 오기로 다가오고 있었다.

다음날 새벽엔 가까운 곳에 있는 성당에 가서 평일 미사를 봤다. 아직 어둠이 깔려 있는 창밖을 바라보며 드리는 조촐한 미사는 얼마나 마음을 잔잔하게 가라앉혀 주는지.

진지하게 미사를 드리며 사흘 간의 그 시간들이 내 삶의 탈바꿈이 되어 주기를 간절히 빌었다. 미사를 끝내고 성당 뜨락을 잠시 거닐

다 본 풍경은 그래서 더욱 인상적이었는지 몰랐다.

동이 트려면 아직 먼 새벽 하늘과 그 고운 남빛 하늘에 떠서 반짝이는 하나의 작은 별. 그 새벽 별빛을 받으며 해맑은 얼굴로 피어 있는 성모상 앞의 코스모스, 코스모스들.

싸늘한 바람에 한들거리는 그 모습은 마치 하늘의 이야기라도 속삭이고 있는 듯이 보였다. 그 중에서도 유난히 하얀 코스모스가 눈에 들었던 건 내 영혼이 그처럼 하얘졌다고 믿어서였을까.

아니면 씨 뿌려진 그 자리에 그대로 피어있는 코스모스의 해맑간

아름다움이 그 하얀 빛으로 깊이 다가와서였을까.

  시간의 바람을 타고 그렇게 한들거리는 영혼의 소유자가 되리라라는 다짐의 표시로, 성모상 앞의 하얀 코스모스를 한 송이 따서 책갈피에 끼워 가지고는 제자리로 돌아왔다.

  한데, 홀가분해져서 돌아온 나를 기다리고 있는 건 자리를 비운 사이에 밀린 일들. 집에서는 집에서대로 학교에서는 학교에서대로 그간의 비움을 채워 받기라도 하려는 듯이 입을 벌린 일들이었다.

  얼마가 지나 한숨을 돌리고 나서 보니, 모든 것이 쉬기 이전으로 돌아가 버린 것만 같았다. 책갈피에 꽂아 두었던 코스모스가 말라버린 모습은 그런 씁쓸한 기분을 더해주고 남았다.

  결국 멈춰 섰다고 믿은 사흘 동안의 한적한 시간을 통해, 어떻게 해도 삶의 강물은 계속해서 흘러가는 것이고 그속에서 나 또한 흘러야하는 것임을 절실히 깨달은 셈이었다.

  달리는 차 안에서 아이는 지치지도 않는지, 그 길이 끝나도록 코스모스를 향해 줄곧 손을 흔들고 있었다

노란 장미 수녀

꿈에서 뵌 그분은 환하면서도 기품이 있는 얼굴로 노란 장미가 핀 뜨락에 서 있는 모습이었다. 깨고 나니 금방이라도 달려가 뵙고 싶은 마음이 일었지만, 그렇게 쉽사리 뵐 수 있는 분이 결코 아니었다.

분명 멀지 않은 곳에 있으면서도, 어쩌면 이 세상에서 가장 먼 하늘 아래 있는 분인지도 몰랐다. 그분을 처음 뵌 건 지난 해 여름, 봉쇄 수도원인 가르멜 수녀원에 관심을 가진 여동생과 함께였다.

굳게 닫혀진 철문이 미리 연락을 드렸다는 동생의 말과 함께 열리고 벽 한 쪽이 창살로 되어진 면회실에 조심스레 들어서기까지, 우린 거의 말을 하지 않았다. 그러다 조용한 발소리와 함께 원장 수녀님이 나타나자 더욱 긴장이 됐다.

한데, 얼굴만 남기고 몸 전체를 가린 갈색 수도복을 입은 그분의 표정은 우리의 긴장이 무색하리만큼 환했다. 그러면서도 수도자다운 기품이 저절로 느껴졌다.

동생이 먼저 가르멜 수녀원에 오고 싶다고 말씀을 드렸다. 그 말에 그분은 동생을 바라보며 몇 가지 묻더니 계속 기도하라고 했다.

나에 관해서도 묻기에 교사라고 말씀은 드리면서도 기억해 주시리라고는 생각조차 하지 않았다. 다만 그 짧은 만남 한 번으로 하여, 수녀원에 대한 동경이 아직도 가슴 한 구석에 남아있는 내게 그분이 깊이 새겨졌을 뿐이었다.

그곳에서는 대학을 졸업하고 입회해서 몇 년 후에 종신 서원을 하게 되면, 죽을 때까지 밖으로는 나오지 않는다고 했다. 오로지 기도와 일만으로 이어진 엄격한 생활을 하는 수도원이었다.

그걸 알고는 더욱 그분을 그리면서도, 선뜻 찾아가 뵙지도 편지를 드리지도 못한 채 늦가을이 왔다. 동생은 시간을 두고 더 생각해 보겠다고 했다. 그러다가 나만 우연한 기회에 같은 성당에 다니는 몇 분과 함께 그곳 미사엘 가게 됐다.

미사 때만 들어갈 수 있다는 성당은 어느 곳보다 아름다웠다. 수녀원 쪽의 창살 너머에서 들려오는, 스물 한 분 수녀님들의 노랫소리는 강물과도 같이 잔잔하게 흐르고 있었다.

미사가 끝난 뒤 원장 수녀님을 잠깐 뵐 수 있는 시간이 주어진다는 말을 듣고는 면회실로 갔다. 먼저 나와 있던 그분은 믿어지지 않게도 먼저 날 알아 봤다.

"어젯밤 기도 시간에 문득 생각을 했었지요."

그 말씀을 듣고는 돌아오는 길로 편지를 드렸다. 수녀님을 뵙고 난 뒤부터는 수시로 그곳 숲을 생각하며 뒤척이는 날들이었다고. 그러자 이내, 아침이면 짙은 안개가 끼는 그곳 숲을 거닐 때면 깊은 창조주의 숨결을 느끼곤 하신다는 답장이 왔다.

내게 그토록 큰 기쁨이 되어준 편지는 아직 없었다고 여길 만큼

그건 소중한 만남의 시작이었다. 수도 생활에 관심은 있었지만 결국은 결혼을 해서야 영세를 받게 되고, 새삼 알게 된 그 세계의 아름다움 때문에 가슴을 앓은 적이 있어서였을까.

그러다 주어진 곳에서 나무처럼 묵묵히 사는 것이 내가 지녀야 할 순명의 자세라는 걸 깨닫고는, 끝내 미련으로만 남겨둔 자리에 표상처럼 그분이 들어와 서기 때문일까.

그러면서 해가 바뀐 일월의 어느 날, 유난히 무거운 마음이 되어 검은 외투를 입고 혼자서 그분을 찾아 갔다. 놀랍게도 그분은 여름날의 수도복과 맨발차림 그대로였다.

자유로운 생활을 한다고는 하면서도, 어쩌면 수녀님보다 더 갇혀 있는지도 모른다는 생각이 들어 답답하게 여겨지는 날들의 연속이

라고 울먹이며 말을 이었다.

 그래서 자꾸만 그곳을 그리게 되고 미리부터 그곳의 의미를 알지 못한 것이 후회스럽다고 이야기 드렸을 때, 십 년이 넘으셨다는 수도 생활의 빛이 서린 얼굴로 그분은 말씀하셨다.

 "체칠리아. 생각하기에 따라서는 내적인 봉쇄 수도원 안에 머무르고 있다고 여길 수도 있답니다."

 그 후 그분은 더 깊이 마음에 새겨졌지만, 그런 만큼 쓰라림 또한 깊어져가는 것도 사실이었다. 면회시간에 맞추어 애를 쓰며 갔다가는 만나뵐 수가 없다는 말을 듣고 돌아서야 했던 날의 쓸쓸함.

 그것을 적어 보냈을 때, 이제는 더 말하지 않아도 주님 안에 통할 수 있다고 한 짧은 그분의 답은 이제 아픈 위안이었다.

 나아진 듯했다가는 또 여지없이 좁은 나로 돌아와 버렸던 지난 초여름, 그걸 감추기라도 하려는 듯이 보랏빛 한복을 입고 그분을 뵈러 갔다. 하지만, 원장의 임기가 끝나 수련장으로 계신 그분의 얼굴을 대하는 순간 마음이 무너지고 말았다.

 "집착을 버려야만 내적인 평화를 얻을 수 있다는 걸 알면서도, 그것이 내적인 봉쇄 수도원의 의미라는 걸 알고 있으면서도 늘 흔들리는 날의 연속이에요."

 눈물을 주르르 흘리는 내게 잠깐 기다리라며 안으로 들어갔다 온 그분이 전해 준 것은 향나무를 깎아서 만든 묵주였다. 그리고 돌아서는 내게 그분은 묵주보다 더 귀한 것을 주셨다.

"내가 늘 함께 기도하고 있다는 걸 잊지 말아요."

천천히 돌아나오는 수녀원의 바깥 쪽 뜨락엔 누가 그리도 정성들여 가꿨는지 갖가지 장미가 피어 있었다. 그 중에서 노란 빛깔의 장미가 그날따라 유난히 눈에 들어왔다.

환하면서도 결코 가볍게 느껴지지 않는, 아니 오히려 기품있게 느껴지는 그 모습을 바라보다가 수녀님이야말로 가르멜 수녀원의 안쪽 뜨락에 핀 노란 장미일지 모른다는 생각이 들었다.

갈색 수도복 안에 모든 것을 가두고 있으면서도, 내적인 자유로하여 갇힌 것이라곤 아무 것도 없는 환한 빛과도 같은 분이었기에. 나 또한 내적인 가르멜 수녀원의 노란 장미로 피어나기까지, 그분을 내내 사랑하리라는 다짐이 생겨나는 계절이었다.

상사화 성당

　　　　　　　　　　예상과는 전혀 다르게 성당은 메말라가는 누런 이파리들로 둘러 싸여 있었다. 이 년 전에 들렀을 때 본, 분홍빛 상사화가 만발했던 모습과는 너무나 달라서 의아하기까지 했다.

　팔월의 하루였던 예전의 그날은 같은 성당의 교직자들과 함께 근처에 있는 다른 성지에 다녀오는 길이었다. 마을 입구에서부터 분홍빛 꽃들이 길가에 죽 늘어서 피어 있었다.

　그것은 마을의 무슨 상징처럼 보이기도 했다. 좀 높은 곳에 자리 잡은 성당에는 건물을 둘러싸고 꽃이 한층 더 많이 피어 있었다.

　가까이서 들여다 보니 나팔 모양을 한 그 꽃들은 참 이상한 느낌을 주었다. 이파리라고는 하나도 없고 막대기 같은 꽃대의 끝에 여러 송이가 붙어서 핀 것이 도무지 살아 있는 꽃 같지가 않았다.

　게다가 바람이 몹시 불었는지 꽃잎이 여기저기 흩어져 있고 아예 꽃대가 쓰러진 것도 많았다. 금방이라도 피어날 듯한 봉오리가 달린 것을 주워 들며 이름이 알고 싶어졌다.

이 사람 저 사람에게 물었지만 다들 모른다고 했다. 그러다가 할머니 선생님에게 여쭈었더니 상사화라고 일러 주었다.

이파리가 말라 버리고 나면 꽃대가 하나 올라 와서는 그렇게 꽃이 피어난다는 설명도 덧붙였다. 하지만 짧은 그 말만 듣고는 꽃이 피어나기까지의 과정이 도무지 머릿속에 그려지지 않았다.

집에 돌아오자마자 원예 대사전을 뒤져서 한참 만에야 그 꽃에 대한 것을 찾아냈다. 서로 그리워하며 생각하는 꽃이라는 뜻에서 상사화相思花라는 이름이 붙었다고 되어 있었다.

이른 봄이면 초록빛 이파리가 나와 무성해지다가 그것이 차츰 메말라서 흔적조차 없어져 버리면, 그제서야 꽃대가 땅에서 솟아오르고 그 꽃대의 끝에 분홍빛 꽃이 여러 송이 붙어서 핀다고 했다.

이파리와 꽃은 분명 한 뿌리에서 나고 피건만 서로는 영원히 그 모습을 볼 수가 없어 이별 난초라고도 한다는 거였다. 이름에서부터 얼마나 안타까움이 깃든 꽃인지, 가져온 봉오리들이 벌어지는걸 보면서는 가슴마저 저려 왔다.

그러다가, 하필이면 그런 의미가 담긴 꽃을 마을과 성당에 그토록 많이 심어 놓은 누군가의 마음이 불현듯 알고 싶어졌다.

그 후 다시 그 성당을 찾게 된 것은 지난 오월 어느날, 가까운 교우 몇이서 다른 성지에 가는 길이었다. 차를 몰던 사람이 공세리 성당이 아름답다며 잠시 들렀다 가자기에 내심 고마웠다.

마을에 들어서기 전부터 내 눈 앞에는 상사화가 만발했던 그 전의 모습이 펼쳐지고 있었다. 하지만 그것은 계절을 잊고 있었던 나만의 상상에 지나지 않았다는 걸 금세 알 수 있었다.

성당에 다달아서도 꽃이 핀 모습은 찾을 수가 없고 메마른 이파리들만 눈에 띄자, 전에 내가 보았던 곳이 아닌 것만 같았다. 그래서 안에 들어가 무릎을 꿇고 기도를 하면서도 마음은 온통 예전의 풍경으로만 향하고 있었다.

다시 밖으로 나와 성당 둘레를 돌다가 사진을 찍자고 하기에 어디가 좋을까 하며 두리번거리던 참이었다. 돌 틈에서 말라가는 누런 이파리들이 갑자기 눈에 확 들어오며, 아 저게 바로 말로만 들었던 상사화의 이파리들이었구나 하고 깨달아졌다.

내가 어울리지도 않는 감탄을 하자 다른 이들은 어이가 없는 모양이었다. 대강 설명을 해주고는 자세히 들여다 보니 이파리들은 꼭 물기가 없어서 말라 죽어가고 있는 듯했다.

꽃이 피었던 걸 기억하지 못한다면 그 이파리들의 모습이 단순한 죽음으로 여겨졌겠지만, 꽃이 피어남을 이미 보았기에 오히려 싱싱한 삶의 모습으로 여겨지는 거였다.

무성했던 이파리들이 메말라가는 것이 정녕 꽃대를 내고 꽃을 피

우기 위함이라면, 그건 누구도 죽음이라고 말할 수가 없을 테니. 영원한 의미의 삶이란 바로 이런 것을 두고 이름일까.

그제서야 그 꽃을 그렇게도 많이, 마을과 성당에 가져다 심은 그 누군가의 마음이 진실로 헤아려지는 느낌이었다.

"상사화야말로 자신을 버려야만 천주님을 따를 수 있다는 걸 깨닫게 해주는 꽃이었오. 영혼이 피어나기 위해서는 도리없이 메말라 가야 하는 것이 세상적인 삶의 이파리들일 테니 말이오."

그리고 나니 갑자기 그 꽃이 두렵게 느껴져서, 뿌리를 좀 얻어 가리라던 생각이 순식간에 싹 걷히고 마는 거였다. 그 꽃이 지닌 의미부터 먼저 내 안에 뿌리를 내려야 하리라는 생각이 뒤이어 들기 시작하자 도리어 뭔가가 가슴을 누르는 듯했다.

  현실이 말할 수 없이 초라해져 메말라 죽어가는 상사화의 이파리를 연상시킬지라도, 그런 현실의 죽음이 언젠가는 영혼의 꽃을 피워주리라는 믿음 속에 삶을 이어갈 자신이 아직은 없어서였을까.

잇꽃의 힘

"꽃꿈을 꾸었다. 이층 베란다 화분의 철쭉과 아젤리아는 아직 마른 가지인 채로다. 남편이 올라와 그 가지를 뚝뚝 꺾어 흙만 담긴 다른 화분에 꽂았다. 그랬더니 양쪽 가지 모두에서 순식간에 꽃이 피어났다. 조경가의 손이라 역시 다르다고 아들과 함께 탄성을 올렸다."

지난 해 이월의 일기다. 꼭 일 년 뒤 한국 수필 문학상을 받으며 생각한다. '그 꿈이 이 꽃자리에 대한 예시였구나.'

대학 일 학년부터 수필 공부를 시작했으니 삼십 년 가까운 세월이 흘렀다. 한 스승을 따라 걸은 길이 지금 이렇게 빛을 발하는구나 싶어 말로는 표현할 수 없을 만큼 가슴이 뿌듯하다.

수필에도 치밀한 구성이 있어야 하고 문장 또한 리듬감이 있어야 한다는 게 그분의 가르침이었다. 말로는 알아듣겠는데 막상 실천하려고 하면 왜 그렇게도 힘이 드는지.

　추천 완료를 받고 나서도 칭찬을 들은 기억은 별로 없다. 다만 꽃이라는 특정한 소재를 고집스럽게 다루는 것만은 인정하셨다. 자기만의 독특한 목소리를 지닐 때 진정으로 살아남을 수 있다며 나를 예로 드시곤 했다.

　그런 속에서 받게 된 상이라 은빛나는 상패가 또 하나의 등단패처럼 여겨진다. 등단의 기쁨보다 지도해준 분의 혹독한 가르침에서 벗어났다는 안도감이 더 컸던 지난 날과는 달리, 이제야 비로소 진정한 작가가 되었다는 자부심이 생겨난다.

　예전에 내 수필집의 평을 써준 이는 이런 표현을 썼다. "이정원의 꽃들이 잘 다듬어진 정원의 기풍을 표방하는 면모가 약여한 반면, 광활하게 펼쳐진 초원의 활달함이 없다는 게 아쉽게 느껴진다."

　그 말대로 이십 년 넘게 교직에 머물렀기 때문에 내면적으로는 몰라도 외면적으로는 폭 넓은 편이 아니었다. 더구나 줄곧 한 학교에만 머물렀던 터라, 만나는 사람도 머무는 장소도 늘상 거기서 거기라 그 울을 벗어나기가 힘들었다.

　그나마 특이한 체험을 한 게 있다면 몇 년간의 스쿠버 다이빙이다. 강습에서부터 방학이면 일주일 가까이 집을 비우고 열대 바다에 다녀와야 하는 것 등, 어느 하나 수월한 게 없었다. 하지만 덕분에 뭍에서는 알지 못했을 깨우침을 많이 얻었다.

물 속에 들어가기 위해 필요한 장비 중에 옥토퍼스라는 게 있다. 예비 호흡기라 다른 호흡기에 비해 호스가 길기 때문에 문어의 발을 닮았다는 뜻에서 그렇게 부른다.
　다이빙을 할 때 반드시 지켜야 하는 수칙 중 첫 번째는 짝과의 동행이다. 만일 짝을 잃어버리게 되면 즉시 수면으로 떠올라 짝을 기다려야 한다. 짝을 찾은 뒤에라야만 다시 다이빙이 가능하다.
　옥토퍼스는 그런 짝의 공기가 떨어졌을 때 빌려주기 위한 장비다. 자신의 호흡기와 한 탱크에 연결되어 있어서, 짝이 쓰게 되면 저절로 공기를 나누어 주는 게 된다.
　건물 십층 높이인 삼십 미터 물 속에서 공기를 나누어 준다는 건 생명을 나누어 주는 것과 같다. 그런 물 속에서는 공기의 소모량이 많기 때문에 예비 호흡기를 빌려주게 되면 자신도 짝도 오래 머무를 수가 없다.
　같은 상황에서 예비 호흡기가 준비되지 않았을 땐 짝호흡을 한다. 자기가 먼저 두 번 호흡을 하고, 짝이 두 번 호흡할 수 있도록 호흡기를 **빼서** 물려주는 것이다. 두 번씩 번갈아 숨을 쉬다 보면 공기를 나누어 주고 있다는 사실이 더욱 실감난다.
　공기의 소모량은 수심과 다이빙의 숙련도와 연관이 깊다. 물 속에서의 몸놀림이 안정되고 유연할수록 공기를 적게 쓴다. 처음 다이빙을 할 땐 나 또한 동작이 불안정해서 공기를 빨리 써버린 탓에 짝의 옥토퍼스를 물고 수면으로 올라온 적이 있다.

그러다 다이빙 실력이 늘자, 공기를 빨리 소모해버린 초보자 짝에게 공기를 나누어 줄 수 있었다. 그걸 통해 도달한 생각이 있다.

'내가 지닌 삶의 안정감이 아직도 흔들리고 있는 누군가에게 이런 도움을 줄 수 있는 건 아닐까. 나이다운 성숙함을 통해 얻은 깨달음들을 뭍꽃과 물꽃에 담아 계속 써나간다면, 물 속에서 공기를 나누어 주듯이 정신적인 생명을 나누어 주는 일이 되지 않을까.'

상을 받으며, 그것이 바로 남은 내 수필의 지향점이 되어야 한다는 다짐을 한다. 그와 함께 잇꽃이라는 약용식물을 떠올려 본다. 잇꽃은 뾰족한 톱니가 있는 바늘 모양의 주황색 꽃잎을 말려서 한약재로 쓰는 국화과 식물이다.

지난 여름 혈색이 안 좋아 건강식품을 만들어 주는 곳에 갔더니, 빈혈에 도움이 된다며 그 꽃잎과 다른 약재를 섞어서 다려 주었다. 두 달 가까이 약을 먹는 동안 몸 속에 들어간 잇꽃의 기운이 생기를 북돋워 주고 있다는 느낌만으로도 든든했다.

오늘 받은 상이 그 잇꽃처럼 그동안 활달하지 못했던 내게 힘을 불어 넣어 주리라는 믿음이 솟는다. 이제는 글숲의 여전사라도 되어, 평을 써준 벗의 바람처럼 "꽃과 삶의 치열한 만남을— 그러나 늦가을 강물 같은 차분함으로" 이루어 낼 수 있을 듯하다.

투구꽃 전사

그날 저녁 우린 모두 중년의 여인이 아니라, 풀 먹인 하얀 칼라에 감색 타이를 맨 단발머리 여고생으로 돌아가 있었다. 그것이 사람이든 일이든 목숨으로 지켜야 할 것들 지켜내기 위해, 머리에 투구를 쓴 채 살아온 삶의 전사가 결코 아니었다.

그건 어쩌면 삼십 년 동안 잊고 있었던 친구들을 하나 둘씩 찾아내 반갑게 얼싸 안으며, '하나도 안 변했구나. 예전과 달라지지 않았구나.' 하는 말을 주고받을 때부터였는지 모른다.

그때부터 우리는 이미 오래 전 그 시절의 눈으로 돌아가 그 눈 안에서만 서로를 보고 있었음에 틀림없다. 그렇지 않고서야 어찌, 흰 머리카락이 드문드문 보이고 눈가에 잔주름이 진 친구들의 얼굴이 교실에서 보던 때와 똑같이 다가올 수 있었을까.

그뿐만이 아니었다. 서로의 눈과 머리에 간직되었다 흘러나오는 기억의 조각들을 모아 하나씩 맞추어 가다보면, 그때 그 교실의 어느 하루가 고스란히 되살아날 것만 같았다.

구월이 시작되면서 졸업 삼십 주년 기념행사의 안내글이 나가고, 시월 들어 우리 나이에 어울리게 황금색을 띤 초대장이 발송됐다. 준비를 하는 동안 서로 서로의 입을 통해 익히 전달이 된 내용인데도, 다들 처음 대하기라도 하는 양 들뜬 손으로 받아들었다.

"가슴의 뜨락에선 계절을 잊은 장미가 피고 있습니다. 이제 그 가을 장미의 의미를 아는 여인의 자태로, 유월이면 오색의 장미가 만발하던 그 넝쿨 장미의 성城으로 돌아가 보고자 합니다.

하루 저녁을 아예 비워 아직도 우리를 그때 그 모습으로 기억해주시는 은사님과 더불어, 분수가 하얀 자갈돌에 고스란히 남겨두고 떠나온 고운 추억을 만나 보시기 바랍니다."

기다리던 저녁이 오고 프로그램에 박힌 대로 순서가 진행될 때, 우리는 더도 덜도 아닌 그 시절의 여고생으로 돌아가 있었다.

송도 비치 호텔―바닷가 도시에 자리한 그곳에서의 축제는 기꺼이 와주신 선생님들께 헌사 낭독과 함께 꽃다발을 안겨 드리고, 교실에서의 시간 속으로 우리를 데려가기에 부족함이 없는 그분들의 목소리를 들으며 절정에 달했다.

헤어질 시간이 되어 촛불을 켜들고 교가에 이어 '만남'이라는 노래를 부르는 동안, 새로이 확인하는 모교에 대한 자긍심과 그 인연의 소중함에 눈시울이 붉어지지 않은 친구가 있었을까.

아쉬워서 발걸음이 떨어지지 않는 축은 가까이에 있는 한 연수원으로 자리를 옮겨, 창밖이 훤해질 때까지 예전의 추억을 꺼내 이야기하고 또 이야기하며 웃고 또 웃었다.

다음날 예전의 모습 그대로인 교정을 돌아볼 때 우리의 입에서 연신 터져 나오는 말은 한결같았다. 교문을 들어서 원형 교사로 올라가는 언덕길이 이렇게 짧았나, 부채꼴이던 교실이 이렇게 좁았나. 분수가의 벤치가 이렇게 낮았나, 운동장을 가로질러 오르곤 하던 동산의 높이가 저 정도밖에는 안 되었나. 그 때는 충분히 숨이 가빴는데, 가슴이 벅차도록 아주 높았었는데.

그러면서 다들 천천히 알아갔다. 우리가 이미 많이 커버렸다는 사실, 세월이 우리를 중년의 여인으로 변모시켜 그곳을 대하는 눈을 크고 넓고 깊게 바꾸어 놓았다는 엄연한 사실을.

다음 만남의 기약 같은 주소록을 받아들고 돌아오면서, 나는 여름부터 쓰고 고치기를 반복해서 낭독한 헌사를 그 행사의 마침표이기라도 한 양 혼자서 되뇌고 있었다.

"여고 시절의 기억들이 한다발의 불꽃이 되어 청보랏빛 하늘을 향해 피어오르는 이 축제의 저녁에, 어느 산자락에 피어 있을 투구

꽃을 굳이 눈에 담는 것은 저희 스스로에게서 투구를 쓴 전사의 면모를 찾아낸 까닭입니다.

다섯 장의 보랏빛 꽃잎은 단지 꽃잎으로 보여지는 꽃받침일 뿐, 정작 두 장의 여린 꽃잎은 투구처럼 보이는 뒤쪽 꽃받침 안에 숨겨 놓은 들꽃. 그 꽃의 모양새에서 신화에 나오는 아마조네스와 가야의 여전사와 견주어도 모자람이 없을 저희들 지난 삶을 돌아봅니다.

활쏘기에 걸림이 없도록 한 쪽 가슴을 떼어낸 여자들을 일컫는 말인 아마조네스와 출산의 흔적과 더불어 투구를 쓴 채 무덤에 묻혔다는 가야의 여전사는 다름아닌 바로 저희들.

인일의 동산을 뒤로 하고 떠나던 소녀의 발랄함은 간 데 없이, 굵어진 손마디와 거칠어진 머리카락으로 이제 더는 두려울 것이 없는 중년의 여인이 되어 돌아오기까지의 저희들 자신이었습니다.

그것이 사람이든 일이든 죽기까지 싸우며 지켜야할 것들 지켜내기 위해, 순후한 영혼의 꽃잎일랑 투구를 닮은 꽃받침 안에 감추어 둔 채 비바람 맞으며 피어나야만 했던 산자락의 가을 들꽃이었음을 묻어 두었던 추억을 만나는 이 저녁에야 비로소 깨닫습니다.

그러기에 저희를 아직도 단발머리 여고생으로 보아주시는 선생님 앞에서만큼은, 조금도 다치지 않은 그때의 해맑은 웃음으로 돌아가 머물고 싶은 바람이 이토록 간절한가 봅니다.

하나 이 저녁이 가고 나면 아직도 지켜야할 것이 남아 있어 그래도 못다 치룬 격전이 기다리고 있어, 저희는 다시 투구를 챙겨 쓰고 각자의 자리로 흩어져 돌아가야 한답니다.

오늘 이 자리에 기필코 선생님 계셔야 함은 그 시절 인일의 교정에서처럼, 아낌없이 내주시는 지혜와 용기의 불씨가 그러한 저희에게 타는 목마름이기 때문일 것입니다.

뒷날 추억을 향해 가는 기차가 다시 움직여 오늘처럼 바닷가 축제의 도시에 닿으면, 지금의 정정한 모습 그대로 오셔서 타이를 맨 교복 차림으로 돌아가 있을 저희의 등 다독여 주십시오."

배롱나무꽃 제祭

차일을 통해 내리쬐는 햇빛이 금세 머리를 뜨끈뜨끈하게 하는 한낮이었다. 이마에 맺힌 땀방울은 재배를 할 적마다 연신 바닥에 굴러 떨어졌다. 그래도 그곳의 엄숙한 분위기는 깨지지 않았다.

한 시간 남짓한 의식 절차가 끝나고 승선문承宣門을 나서서야, 하나 둘씩 양복 상의를 벗어들기 시작했다. 얼마나 더웠는가를 보여주기라도 하듯 등어리가 다들 펑 젖어 있었다.

선성군 기신제향宣城君 忌辰祭享이 봉행되던 날은 여러 종현이 사당역에 모여 출발했다. 남편이 선성군 19대손 병산지파屛山之波로 해마다 참석을 해온 터라, 이번엔 나도 따라 나섰다.

아침 여덟 시에 떠난 차가 서산시 운산면 여미리에 있는 선정묘宣靖廟에 도착한 것은 열 시경. 들어가는 길 오른쪽에 서있는, 거칠지만 후덕한 미소를 머금은 불상이 우선 인상적이었다.

　선정묘 구역의 물이 한데 모여 기가 뭉치도록 했다는 지당池塘을 둘러보고 높이 치솟은 홍살문을 들어섰다. 종현들은 선승문 앞에 서 있는 아름드리 비자나무 그늘 아래서 차를 마시며 인사를 나누기 바쁘다. 결례되는 행동을 할까봐 몸가짐이 조심스럽기만 하다.
　두 시간 가까이 기다려 준비가 다 된 후에 드디어 내삼문內三門이라고도 한다는 승선문을 들어섰다. 양쪽의 태극 문양과 가운데 문의 청룡과 황룡이 어우러진 문양에는 파시조派始祖인 선성군을 기리는 뜻이 담겨 있다고 한다. 가운데 문으로는 출입을 하지 않는 것이 예법이라고 남편이 일러 주었다.
　안으로 들어서자 기와를 얹은 전통 양식의 담장이 내정內庭을 둘러싸고 있어 안온한 느낌을 안겨 준다. 나중에 설명을 들으니, 약 칠십 미터에 달하는 담장의 길이는 1392년 태조 원년 임신 12월 10일 생신날로부터 기일인 1460년 세조 6년 경진 음력 7월 7일까지의 선성군 생애를 의미한다고 한다.

　지난 해에 신축했다는 내정 앞쪽의 선정묘는 전주 이씨 선성군파 대종회 회보인 '선덕지宣德誌'에서 본 옛날 모습과는 사뭇 다르다. 위용있는 팔작지붕에 새로 칠한 단청이며 금색으로 빛나는 현판에서 파시조를 받들어 모시는 후손들의 정성을 본다.

　유일하게 남아있는 선성군의 흔적인 '선성군 무생宣城君 茂生'이라는 글자 뒤에 한 수결手決을, 금박 입힌 현판으로 만들어 건 모습에서는 그분의 체취를 느끼고자 하는 간절함을 읽는다.

　드디어 선성군과 군부인郡夫人 삼위의 신주가 모셔진 제단을 향해 제사가 올려지기 시작한다. 땀방울이 뚝뚝 듣는 한여름 정오임에도 봉향하는 제관들의 몸가짐은 조금도 흐트러짐이 없다. 대동 종약원에서 전통 제례 교육까지 받았다는 집사 두 분은 옥색 제의를 갖추어 입은 모양새에서 품격마저 느껴진다.

　신전의 천장 중앙에 있는 봉황 한 쌍과 청룡 황룡과 학 두 마리가 상징하듯이 왕가의 제례답다는 생각이 든다. 특히 전주 이씨만의 고유 문장紋章인 오얏꽃을 대하면서는 이런 집안의 며느리라는 사실에 새삼 뿌듯함이 안겨온다.

　의식을 다 끝내고 승선문을 나서니 이마와 목덜미에 와닿는 바람이 샘물처럼 시원하다. 그 바람 속에서 문득 진분홍빛 배롱나무꽃의 하늘거림을 본다. 문 아래 계단 오른쪽에 서있는 배롱나무로 하여 파시조를 받들어 모시는 이 공간의 깊이가 더해지는 듯하다.

배롱나무는 여러 개의 꽃송이가 원추상의 꽃차례를 이루며 백일 동안 연속해서 피어난다. '열흘 붉은 꽃 없다'는 말을 무색하게 하는 그러한 특성을, 두고두고 변치 않는 지조로 받아들여 사찰이나 서원 과 묘역 등에 즐겨 심었다.

종현들이 이 나무를 여기에 둠도 조상의 유지를 길이 받들어 모시 겠다는 의지의 표현일 게다. 또한 줄기차게 피어나는 꽃송이에 견줄 만한 자손의 번창을 기리는 마음도 담겨 있을 게다.

정종대왕正宗大王의 넷째 왕자로 태어나, 부왕이 그랬듯이 정치 권 력에 뜻을 두지 않고 초연히 사시다 가셨다는 분의 안식처이니 하얀 배롱나무꽃이 더 어울리지 않을까 싶다.

그리고 나니 뒤이어 경기도 고양시 오금동에 위치한 그 어머님 성 빈 지씨誠嬪 池氏의 단壇이 떠오른다.

해마다 사월이면 그곳에서도 단위제향壇位祭享이 봉행되는데, 돌아 가신 시어머님을 모시고 한두 번 참석한 적이 있다. 그때도 그랬지 만 오늘 선정묘를 대하고 나니, 시멘트 블록으로 둘러쳐져 있던 곡 장이 더욱 초라하게 여겨진다.

이런 묘각에 모셔져 자손들로부터 더할 나위 없이 숭모받는 분의 어머님이시거늘. 기와를 얻은 담장은 두고라도 배롱나무 한 그루나마 심어 아들과의 영혼의 교통을 이루어 드렸으면 싶다.

돌아오는 차 속에서 생각되어지는 것이 있었다. 이분들은 이 더운 날씨에, 그것도 월요일에 왜 만사를 제쳐놓고 까마득히 먼 윗대 조상님의 기신제에 다녀오는 것일까.

어쩌면 그렇게 파시조를 받들어 모심으로 하여, 세파에 휩쓸려 때론 흔들리고 때론 잃기도 하는 정신의 뿌리를 확인하고자 하는 마음 때문인지도 모른다는 생각이 스쳐간다.

전통과 규범이 한편으로는 외형적 속박이 될 수 있어도, 다른 한편으로는 어지럽고 복잡다단한 사회 구조 안에서 나를 올곧게 이끌어가는 기치가 될 수도 있을 테니 말이다.

꽃 사설시조

삼 년 전에 바뀐 중삼 국어 교과서에는 김수장이 지은 사설시조가 한 편 실려 있다. 인간의 다양한 삶을 여러 꽃에 비유한 그 사설시조는 꽃수필을 쓰는 내게 하나의 놀라움이었다. 나와 같은 착상을 한 이가 이미 오래 전에 있었구나.

"모란은 화중왕花中王이요, 향일화向日花는 충효忠孝로다.

매화梅花는 은일사隱逸士요, 행화杏花는 소인小人이요, 연화蓮花는 부녀, 국화菊花는 군자君子요, 동백화冬柏花는 한사寒士요, 박꽃은 노인이요, 석죽화石竹花는 소년이요, 해당화海棠花는 계집애로다.

이 중에 이화梨花는 시객詩客이요, 홍도紅桃 벽도碧桃 삼색도三色桃는 풍류랑風流郎인가 하노라."

평시조에서 종장 첫 구의 세 글자만 빼고 두 구 이상이 늘어난 것을 사설시조라고 하는데, 책에 실린 시조는 의인화된 열두 종류의 꽃이 초장부터 종장까지 나열되어 있었다.

찬찬히 뜻을 음미하면서 읽을수록, 어쩌면 그리도 꽃의 특성과 가지각색인 삶의 형태를 잘 조화되게 연결지어 놓았는지 감탄하지 않을 수가 없었다.

제일 먼저 크고 기품이 있는 모란을 꽃 중의 왕이라 했고, 변함없이 해를 향하는 향일화는 해바라기를 말하는 것으로 그 한결 같은 마음을 충성심과 효심에 비겼다.

눈 속에 피어나는 매화는 숨어사는 선비로 보았고, 살구꽃의 작고 잘 떨어지는 모습은 도량이 좁은 이로 여겼다. 단정한 매무새를 지닌 연꽃은 얌전한 아낙네로, 사군자의 하나인 국화는 학식과 덕행이 높은 이에 비유했다.

겨울에 피는 동백꽃은 가난한 선비로 보았고, 흰 박꽃에서는 백발 노인을 연상했다. 패랭이꽃인 석죽화는 패랭이를 쓴 소년으로 여겼고, 붉은 색 해당화는 수줍음을 타는 계집애라 했다.

그 여러 가지 꽃들에 더해 깨끗한 자태를 지닌 배꽃은 시를 사랑하는 이로 표현했다. 끝으로 붉은 복사꽃과 선계에서 피는 복사꽃과 한 나무에서 세 가지 빛깔로 피어나는 복사꽃은 모두 풍류를 아는 멋진 남자로 그리고 있다.

시조는 일반적으로 종장에서 그 주제가 드러나므로, 지은이가 가장 이상적인 삶으로 본 것은 배꽃에 비유한 시객詩客과 복사꽃에 비유한 풍류랑風流郎이라는 걸 짐작할 수 있다.

나라에 충성하고 효도하는 사람이나 학식과 덕행이 뛰어난 군자나, 숨어 사는 고고한 선비나 얌전한 아낙네. 그 어떠한 삶보다도 풍류를 아는 삶을 으뜸으로 여긴 거였다.

풍류란 속된 일을 떠나 운치 있게 즐기는 것이니, 구름도 보고 꽃을 꺾기도 하고 물 따라 흐르기도 하는 유유자적한 나날을 뜻할 게다. 부와 권력과 명예를, 그런 삶의 뒷전에 두었던 김수장은 얼마나 멋들어진 성품의 소유자였을까.

남아 있는 기록을 보면, 1690년에 태어났고 조선 영정조 때의 가인歌人으로 호가 노가재老歌齋였다. 숙종 때 병조의 서리를 지낸 적도 있지만, 어디까지나 평민 가객으로 불리워졌다.

1746년부터 1770년에 이르기까지 편찬한 시조집 『해동가요』에 자작 시조를 117수나 수록했다. 여러 편에 이르는 사설시조에는 풍자적이고 해학적인 내용이 많이 담겨 있다.

만년에는 노가재老歌齋라 부르던 서울 화개동 집에 제자를 모아 놓고 가르치기도 하며 후진 양성에 특히 힘쓴 것으로 되어 있으나, 돌아간 연대는 확실치 않다.

처음 대했을 때 놀라움을 안겨 주었던 꽃 사설시조를 다시금 깊이 음미해 보고, 지은이에 대해 그만큼이나마 살펴보고 나니 저절로 나 자신에게로 생각이 미치지 않을 수가 없었다.

대수로운 건 아니지만 오래 전부터 꽃 이야기를 담은 수필을 써오고 있는 터라서였다. 처음엔 일부러 그리한 것이 아니었는데, 자꾸 쓰노라니 내 나름대로 조심스럽게 의도성을 띠게 됐다.

김수장이 그랬던 것처럼 내가 알고 있는 꽃들의 특성과 수시로 부딪치게 되는 삶의 많은 부분들을 연결시켜 보았다. 남들이 어찌 받아들이건 내게는 참으로 마음에 드는 작업이었다.

관심을 두게 되면서 그때까지는 잘 몰랐던 꽃을 새로이 발견하게 되는 것이 우선 경이로움이었다. 굳이 어떤 이야기와 얽어맬까를 생각지 않고 그냥 눈에 담아 두는 것만으로도 좋았다.

그러다 보면 어느 순간, 아 하고 스스로도 감탄을 할 만큼 꽃과 삶이 맞아 들어가곤 했다. 재미삼아 김수장의 꽃 사설시조와 내 꽃

수필을 비교해 보니, 의미는 달라도 함께 다룬 꽃도 있고 내가 아직 다루지 않은 꽃도 있었다.

「모란의 여인들」에서 나는 모란의 자줏빛 꽃잎을 궁중 여인들의 비단 치맛자락에 비유했다. 「해바라기 자화상」에서는 아폴론의 태양 마차에 가슴이 찔려 사랑을 안은 채 그대로 해바라기가 되어 버린 님프의 이야길 썼다.

「패랭이꽃의 추억」에서는 말없이 내게 패랭이꽃을 꺾어 주던, 어쩌면 나의 첫사랑이었을지도 모를 초등학교 시절의 짝꿍에 대한 추억을 아련하게 되살렸다.

「매화의 애인」은 여백의 아름다움을 가르쳐 주시던 은사님에 대해 쓴 것이고, 「해인사 연꽃」에서는 한 스님과의 만남을, 「배꽃 자리」에서는 돌아가신 어머니에 대한 슬픔을 담았다.

꽃 사설시조에 나온 것 중에서 내가 아직 쓰지 않은 것은 행화杏花와 박꽃과 복사꽃이었다. 여태까지 눈길이 미처 닿지 못한, 아니면 아직은 다루기가 어려워서 손을 대지 못한 그 꽃들도 언젠가는 수필에 담겨지리라는 생각이 들었다.

다만 섣불리 정할 수 없는 것은 그 많은 꽃과 삶의 이야기 중에 어느 것을 제일로 할까 하는 거였다. 김수장은 홍도紅桃와 벽도碧桃와 삼색도三色桃에 비긴 풍류랑을 으뜸으로 여겼으나, 나는 아직 그럴 만한 자신이 없었다.

꽃 이야기가 담긴 수필을 계속 쓰며 지금처럼 살다 보면, 머리 하얘져가는 어느 날 가장 깊이 가슴에 와닿는 삶의 모습을 나 또한 종장 끝구에 둘 수 있게 되지 않을까.

하나 그보다 중요한 건 그 사설시조를 통해서 나와 같은 착상을 한 이가 이미 오래 전에 있었다는 사실. 우리네 삶이란 세월이 아무리 흘러도 결국은 거기서 거기이기에, 엄밀한 의미의 독창성이란 존재하지 않는다는 걸 깨달았다는 사실이었다.

꽃을 향한 나의 눈이 삼백 년 전에 살았던 가인歌人의 눈을 닮은 것에 불과했다는 걸 알게 한 꽃 사설시조는, 그래서 반복해 읊을 때마다 진실로 겸손할 수밖에 없음을 가르치고 있다.